我们已经进入信用消费时代。

信用经济

建立信用体系创造商业价值

彭君梅 ◎ 著

CREDIT ECONOMY

中国商业出版社

图书在版编目（CIP）数据

信用经济：建立信用体系创造商业价值／彭君梅著．－－北京：中国商业出版社，2019.9
ISBN 978-7-5208-0906-1

Ⅰ．①信… Ⅱ．①彭… Ⅲ．①信用－研究 Ⅳ．① F830.5

中国版本图书馆 CIP 数据核字（2019）第 201527 号

责任编辑：姜丽君

中国商业出版社出版发行
010-63180647 www.c-cbook.com
（100053 北京广安门内报国寺 1 号）
新华书店经销
河北华商印刷有限公司印刷
*
710 毫米×1000 毫米 1/16 开 17 印张 220 千字
2019 年 10 月第 1 版 2019 年 10 月第 1 次印刷
定价：50.00 元
****
（如有印装质量问题可更换）

自 序
信用改变人生

信用即财富,信用创造财富,信用是每个人最大的财富。曾几何时,"知识改变命运"的口号还掷地有声。如今,"信用改变人生"已成为六字箴言。

信用经济并非象牙塔里的奇思妙想,信用时代的到来,很多人可能还没有准备好如何迎接,信用的未来已来。信用卡、信用贷、支付宝、云闪付等不再是飘浮云端的流行词汇,而是照亮衣食住行的灯塔,生活场景里不可或缺的知己。

"90后"的我,生于农村,16岁父亲突然离世,人生至暗,砥砺前行。很幸运,2007年我如愿考上大学,并在2011年顺利完成学业。本以为毕业后的我能像电视剧里的白领精英一样,穿着笔挺的职业装,拿着高额的薪水,苦日子应该快熬到头了。但现实却给了我一盆冷水,生活并没有因为我的期待变得更好。

人生的经历总是那么坎坷。2013年,弟弟病情严重,急需20万元来治病。母亲第一次瘫倒在地上恳求我救救弟弟。

也许真的是上天给你关上一扇门的时候,会为你打开另一扇窗。2012年年底,我误打误撞地进入了支付行业,应工作需要办了几张信用卡。非常庆幸的是,弟弟生命垂危时,正是这几张信用卡的20万元额度,救了弟弟的命。我感恩信用卡,感恩进入这样一个行业。

其实一开始，我也特别排斥信用卡。我用的第一张信用卡，是2011年申办的中国银行信用卡，额度2000元。当时不知道信用卡是什么，怎么用，更不知道怎么还。因为这个事，我第一次还款还逾期了。鉴于我是第一次用卡，非故意造成逾期，银行工作人员帮忙申请消除了这次征信的逾期记录。此后，这件事一直提醒着我，要重视信用。

早些年，信用卡的使用存在太多的不便，那个时候有网银转账，已经是很好的了。记得在2012年11月的一个晚上，快11点了，我突然想起那天是平安银行信用卡的最迟还款日，被吓得赶紧从被窝爬起来，去找附近平安银行ATM机还款。那个时候，我用信用卡总是提心吊胆，担心一个不小心，影响征信。

生活的磨难，不得不让人成长。因为遭遇了太多波折，所以我更想深刻地了解信用卡、信用、钱之间的关系。最初创业的想法特别简单，就是看到市场上很多人做POS机代理赚钱，就出来单干POS机代理业务。4年下来，看到很多客户通过信用卡获益，也慢慢认识了信用的价值及快速资本积累对一个人的财商认知的改变。

我创业的第一笔资金，除了合伙人的支持，都是靠信用卡周转的。公司最艰难的时候，也是靠信用卡的钱给员工发工资。当然，房地产市场行情好的时候，我通过信用卡，凑齐首付买房，现在房子增值，翻了一番，这让我赚到了人生中的"第一桶金"。

于我而言，信用卡给我带来的现金价值，远远小于我思维上的改变。最大的改变是认知、是眼光、是胆量。当你有10万元存款与你有100万可用现金相比，你的财商思维，是不会在同一个层次的。

当你有10万存款的时候，琢磨增值的想法，可能更多会放在银行存款得利息、买理财；好一些的，可能会去琢磨投资一些3万或5万的项目，而这些理财给你带来的价值是什么呢？能让你改变命运吗？

当你有100万资金的时候，想撬动的一定是300万、500万，甚至1000万的投资路径。这里面，财商或者说是投资思维，是不一样的，是倍增的概念。当

自序
信用改变人生

你有 1000 万的时候，我相信，你想的一定是赚 1 个亿的项目，说得更通俗一点，就是著名的"马太效应"。

感恩自己在信用行业的努力与坚持，今天所积累的财富，我觉得都是学习、实践、坚持、成长的结果。

我这样一个被迫用卡、不懂信用、不懂信用卡、不懂支付、不懂理财、不懂投资、不懂营销的"白小妹"，在通过六年的学习摸索实践，首创"信用+金融+互联网+社群"的新营销模式，快速获取到了人生第一个 500 万的财富，并成功收获信用背后隐藏的千万信用资产。

我创作《信用经济》这本书的初衷，是希望通过自己的行业积累、实战经验，帮助更多有信用的人，更好地认识信用，用好信用，快速积累人生第一桶金，获得更美好的生活。让有信用的你，从定下的第一个小目标开始，助力打造第一个 100 万信用资产。从如何办理一张适合自己的信用卡、如何提升信用贷款额度、如何保护和增值信用开始。

每个人都有自己的能量场，能量场也是一种磁场。拥有正能量，面对生活和工作，人往往会正面应对，寻找方法努力克服困难，收获的价值也就更大。信用亦如此，珍惜自己的信用，养成良好的信用习惯。良好的信用记录，能让信用财富的雪球越滚越大。

你相信自己能完成 100 万的小目标吗？很多人是不相信的，他们会选择安安稳稳上班。小目标当然没那么容易实现，但有人相信，他们就会想方设法努力去实现。信用经济的到来，信用等于财富，从相信信用的力量开始。

选择大于努力。信用财富使用到合适的场景，财富增值的概率会很高。对待信用的态度以及选择，可以帮助你节省人生的奋斗时间。

《信用经济》这本书包含信用新经济、信用微课堂、信用财富门三大部分，从信用的起源、金融科技的融合、信用大数据的运用、信用场景体验、信用知识解读、信用财富开发等方面进行了深入浅出的分析和实证，让你与信用经济来一次彻底的亲密接触。

有人说，人的一生中有 7 次重大的选择机会。第一次因为太早抓不住，最后一次因为太晚起不到作用，中间还剩 5 次。当这些机会来临时，你可能还来不及意识到这是机会，机会就已经悄悄溜走了。

"信用即财富"这个机会，我希望能帮你抓住它！

非常感谢团队成员宋乐乐、夏海燕、张池华和彭健，协助完成本书稿的整理工作！限于本人眼界，书中难免有不妥之处，还请行业专家和读者多多指正，邮箱 731912997@qq.com。非常感谢！

推 荐 序

信用是一种财富，已经成为信息时代的共识，你知道如何创造信用吗？你知道如何积累信用吗？你知道如何提升信用吗？你知道如何管理信用吗？你知道信用值多少钱吗？你知道如何进行信用变现吗？

本书作者是六年支付行业实践中取得信用财富的践行者，分享了自己多年来的经验和方法，全面论述信用经济给我们个人和工作带来的帮助和影响。

作为一本信用方面的书，没有高深的理论，将个人身边的真实故事、作者亲身经历的案例等场景相结合，以对话的形式展示，让读者如同身临其境观看一部话剧一样，有很深刻的参与感。场景后面的知识导读针对该场景展现的问题进行逐一分析总结，观点鲜明突出，让大家知其然更知其所以然。

本书适合对信用经济感兴趣的读者，特别是目前在支付行业的从业者，是你们必应看的一本好书。

近店科技（花脸）创始人兼 CEO 刘威

CONTENTS 目录

自序　信用改变人生　　　　　　　　　　　　　　　　　　　　　1

推荐序　　　　　　　　　　　　　　　　　　　　　　　　　　　5

Part 1　信用新经济

第1章　"信用+大数据"迎来信用经济新时代　　　　　003

信用时光记：无处不在的信用场景　　　　　　　　　　　　　　004

　【信用场景】买房贷款利率相差70%　　　　　　　　　　　　004

　【信用场景】家长失信影响子女上学　　　　　　　　　　　　005

　【知识导读】信用知识入门——信用是什么　　　　　　　　　006

入局：信用经济并非象牙塔里的奇思妙想　　　　　　　　　　　008

　【信用场景】信用经济影响着我们的衣食住行、社交、教育、医疗
　　　　　　　　　　　　　　　　　　　　　　　　　　　　008

　【知识导读】新版个人信用报告，让失信行为无处遁形　　　　010

起航：在大数据时代重新定义信用经济　　　　　　　　　　　　014

　【信用场景】老王只想买个比萨，却被大数据暴露得体无完肤　014

　【信用场景】大数据，让征信更简单　　　　　　　　　　　　016

　【知识导读】什么是信用大数据　　　　　　　　　　　　　　018

跃动："互联网＋信用"经济时代已全面开启　　　　　　　　020
　　【信用场景】周先生的互联网信用分　　　　　　　　　　020
　　【知识导读】互联网＋信用的蓬勃发展　　　　　　　　　021

第2章　追本溯源：信用常识知多少　　　　　　　　　　023

天眼问道：信用究竟是什么　　　　　　　　　　　　　　　024
　　【信用场景】古有曾子杀猪、商鞅立木建信，今有刷脸走遍天下
　　　　　　　　　　　　　　　　　　　　　　　　　　　024
　　【知识导读】信用的内涵　　　　　　　　　　　　　　　025

深度认知：国内外信用体系概况　　　　　　　　　　　　　027
　　【信用场景】美国信用体系私人市场化服务　　　　　　　027
　　【知识导读】国内外信用体系　　　　　　　　　　　　　028

评分而论：国内外信用评分模型　　　　　　　　　　　　　029
　　【信用场景】芝麻信用750分免签去欧洲　　　　　　　　029
　　【知识导读】信用评分模型　　　　　　　　　　　　　　030

任重道远：中国信用体系建设　　　　　　　　　　　　　　034
　　【信用场景】影响10亿人的大事！新征信系统如何影响个人征信
　　　　　　　　　　　　　　　　　　　　　　　　　　　034
　　【知识导读】我国目前信用体系建设情况　　　　　　　　035

第3章　寻信启示：信用到底和我们有什么关系　　　　039

衣食住行社交：因信用而便利　　　　　　　　　　　　　　040
　　【信用场景】支付宝里的"信用服务"　　　　　　　　　040
　　【知识导读】信用的好处　　　　　　　　　　　　　　　042

房贷车贷信用卡：信用照进现实生活　　　　　　　　　　044
　　【信用场景】注重"信用"的小张，车贷审批很快　　044
　　【信用场景】经常逾期的小王，车贷被拒　　　　　044
　　【知识导读】信用不同，获得的贷款额度也会不同　045

失信连坐：失信，谁在给谁买单　　　　　　　　　　046
　　【信用场景】父亲欠贷，儿子不予录用　　　　　　047
　　【知识导读】失信的后果　　　　　　　　　　　　047

Part 2　信用经济大课堂

第 4 章　生活中常见的 2 种信用经济　　　　　051

信用卡，根据信用，先享后付，"借出"的资金，享免息　052
　　【信用场景】信用好坏，决定信用卡的下卡成功率　052
　　【信用场景】好信用 + 好习惯，助力额度快速提升　053
　　【知识导读】信用卡知识入门　　　　　　　　　　054

贷款，根据场景和信用，先享后付"借出"的资金，需付息　057
　　【信用场景】房贷 200 万元，30 年近 86 万元利息差　057
　　【信用场景】1 成首付，弹个车　　　　　　　　　059
　　【知识导读】贷款知识入门　　　　　　　　　　　059

第 5 章　申卡有道，用卡有方　　　　　　　　065

不可小瞧的力量：信用卡申卡有道　　　　　　　　　066
　　【申卡有道】信用卡申卡常识　　　　　　　　　　066

【申卡有道】信用卡申卡技巧 070
【申卡有道】正确的申卡顺序 074
【申卡有道】科学的配卡清单 075

一生中必须学会的技巧：信用卡的用法 084

【用卡有方】信用卡用卡指南 084
【用卡有方】信用卡提额技巧 087
【用卡有方】境外用卡常识及注意事项 099
【用卡有方】你的信用卡价值百万 103

国内外信用卡的不同：信用卡市场环境分析 106

【知识导读】国际六大卡组织及信用卡发卡行 106
【知识导读】国内外信用卡概况 110
【知识导读】为什么银行要大力发展信用卡业务 115

五分钟看懂的逻辑：你必须掌握的信用卡常识 121

【知识导读】信用卡用卡流派 121
【知识导读】免息期最短20天，最长56天 123
【知识导读】使用信用卡的10大误区 125
【知识导读】不得不知道的6大信用卡骗局 129

不可不知的生活诀窍：信用卡取现和还款的秘密 132

【知识导读】取现手续费＋利息，是真贵 132
【知识导读】总按最低还款额还款，你可亏大了 135
【知识导读】信用卡分期那些事 138
【知识导读】过了最迟还款日还款，肯定逾期上征信了 141
【知识导读】不还款？滞纳金、违约金双管齐下 144

在合适的地方当钱用：玩转信用卡积分和权益 145

【知识导读】积分当钱用，积分到底值多少钱 146
【知识导读】日常享美食／观影／加油优惠，出行享延误赔付权益 155

第 6 章　告别现金消费时代：虚拟信用卡、移动支付　163

无卡时代的召唤：虚拟信用卡　164
【虚拟信用卡】2019 春季发布会，苹果发行 Apple Card　164
【知识导读】常见的虚拟信用卡　167

移动互联网时代：来自云端的支付革命　173
【银联云闪付】用户突破 1.6 亿！集合之美打造云闪付 APP 差异化之路　174
【知识导读】什么是移动支付　176
【知识导读】常见的手机支付类型　177

第 7 章　贷款这条路：且行且珍惜　181

你申请的贷款是什么类型　182
【信用场景】西安女车主 66 万奔驰漏油事件，让我们看到了什么　183
【知识导读】汽车消费贷款：乱象初显，万亿级市场亟待标准化、规范化发展　185
【知识导读】常见的贷款类型　187

信用贷款：让梦想不再等"贷"　190
【信用场景】网商银行服务带给"码商"的好处　191
【信用场景】"有钱花"让普通老百姓不再为钱所困　192
【信用场景】京东金融现金借贷服务，信用值千金　194
【信用场景】360 借条帮助年轻人寻梦　195
【知识导读】新金融生态圈下的成长迷思　196
【知识导读】互联网金融的优势和发展趋势　198

P2P 引发的思考：网贷行业到底有没有未来 　　　　203
　　【信用场景】e 租宝网贷行业炸响的第一颗雷 　　　　204
　　【信用场景】套路贷带来的悲剧 　　　　205
　　【知识导读】网贷的类型 　　　　206
　　【知识导读】网贷行业发展趋势 　　　　208

第 8 章　第三方支付：且看我一直在努力　　　　213

支付结算业务快速增长，异军突起的支付行业 　　　　214
　　【银联云闪付】支付先看云闪付，全民开启无卡支付时代 　　　　214
　　【随行付】支付创新，鑫联盟开启新金融之路 　　　　221
　　【拉卡拉】第三方支付的上市之旅 　　　　223
　　【知识导读】支付行业知识入门 　　　　224

支付市场全面爆发，迎来大发展 　　　　226
　　【支付场景】互联网巨头和新秀，纷纷入场 　　　　226
　　【知识导读】我国支付体系总体运行概况 　　　　228

这些年被 POS 机坑过的人 　　　　232
　　【支付场景】POS 机诈骗案 　　　　232
　　【知识导读】支付牌照 + 银联认证是底线 　　　　233
　　【知识导读】POS 机刷卡手续费定价 　　　　238

支付创新，行业仍大有可为 　　　　239
　　【支付场景】刷脸支付迎来新的支付创新 　　　　240
　　【知识导读】支付的底层逻辑，回归信用 　　　　241

Part 3　信用财富门

第 9 章　探索智慧征信蓝海，突破数字金融边界，引领信用新经济　245

信用市场，是一片可以预期的蓝海　246
【信用场景】"机蜜"借助蚂蚁金服成功融资 6000 万　247
【知识导读】信用市场能给企业带来的红利　248

未来，"信用+"经济创新模式　251
【信用场景】无孔不入的"信用+"经济　252
【知识导读】"信用+"经济的创新模式　252

Part 1 信用新经济

Part a New Economy

Credit Economy
——Establishing
Credit System
to Create
Commercial Valu

第1章

"信用 + 大数据"
迎来信用经济新时代

信用经济时代作为社会经济发展的高级阶段,作为一种新经济的旗帜引领已经家喻户晓,信用已经成为今天经济舞台上最重要的流通"货币"。这是一个"信用 + 大数据"时代。大数据与云计算的加入,让信用经济迸发出蓬勃生机。

信用时光记：无处不在的信用场景

生活中的很多场景，都跟信用有着千丝万缕的联系。个人信用不仅与信贷直接相关，而且会影响到生活的诸多方面。

【信用场景】买房贷款利率相差 70%

初入职场的年轻人买房子，都会第一时间想到找银行贷款。本身收入就不高，房贷利率的高低，直接影响着今后的生活质量。

2019 年 5 月，在建筑公司上班的小赵显得有些忧虑重重，因为他在多次比较性价比后，终于将婚房成功敲定。兴高采烈的小赵好不容易凑足了首付，马上就向银行申请了贷款。可是享受的贷款利率也有浮动。比如在基准利率基础上享受 7 折利率或者上浮到 40% 利率等多种情况。这可把小赵弄得一头雾水，那么，按照自己的收入情况到底能不能顺利拿到贷款，对应的又是哪种贷款利率呢？

相信很多人都有过小赵这样的经历。那么，为什么银行会出现不同的贷款政策呢？这主要是跟个人信用有关。

小赵经过沟通和交流后得知，要享受 7 折这样较低的优惠折扣，除了工作单位稳定、还款能力强和信用情况良好等条件以外，对于在银行有定期存款或者在银行购买了高额理财产品的客户，银行会给予最大力度的优惠。

而对于上浮 40% 利率，主要是针对极少数信用情况特别差的客户，对于工作不稳定、还款能力差、信用记录不良的贷款人综合评估风险后，会上浮房贷利率。

小赵因为是个人首套房，收入比较稳定，个人信用良好无逾期记录，最终小赵从银行得到了房贷基准利率 8 折的优惠利率。

良好的信用可以给生活带来很多看得见的福利，但不良的信用就会带给人无穷无尽的困扰。人们在生活中一定要注意维护个人信用记录，因为在申请贷款时，不管是房贷、车贷或是消费贷款，银行都会首查个人信用报告。信用报告一旦留下污点，就将产生严重的后果。

【信用场景】家长失信影响子女上学

2018 年 7 月某新闻台报道：一所私立学校向学生家长发出通知，限制信用记录不良家长的子女上学。学校招生简章直接要求报名学生家长必须信用记录良好；凡父母信用记录不良，学校不予录取其子女；学生家长有信用问题被社会公示，将责令学生退学或转校。

是的，你没有看错，父母信用记录不良，子女受牵连，无法上学。老赖的子女，即使在校生，一旦发现，责令退学。"老赖"们真的着了急，为避免孩子上不了学，主动履行了还款义务。

海南的小王同学考上知名大学，却因父亲的不良信用记录差点无缘大学。事情是这样的，小王的父亲欠银行 30 万元贷款不还已逾三年，被银行纳入失信被执行人名单。此时小王通过努力考上了北京名牌大学。万万没想到，该大学在资格审查时发现小王的父亲存在失信行为的记录，要求立即澄清。

原本心存侥幸的小王父亲后悔不已，马上联系了银行，还清贷款，要求尽快将他从失信名单中删除。小王同学这才放下心来，顺利进入大学。

"衣、食、住、行"是每个人不可或缺的一部分，而从上面案例可以看出，信用的影响已经覆盖生活的方方面面。央行征信中心出台的新版个人信用报告采集信息也更全面、精准。在未来，信用经济会给每个人的生活带来影响，所以千万不要忽略信用的重要性。

综上来看，信用在我们的生活中的渗透，比以往任何一个时代都要来得更猛烈一些。信用，这个看不见、摸不着的新生事物，却是每个人在生活中必不可少的无形资产，如何管理好自己的信用，每个人都要谨慎对待。

在未来，信用即财富。个人信用报告对于个人借贷、买车、买房等都有着重要的意义，目前在求学、就职、出国、公务员录用、评优评先等越来越多的领域都有不同程度的影响。

那么关于信用，你了解多少呢？

【知识导读】信用知识入门——信用是什么

一、信用是什么

信用究竟是什么？不同的人可能给出的答案也不同。

小A：信用就是诚信，君子一言，驷马难追。

小B：信用就是有借有还，再借不难。

小C：信用就是认可这个人，无论他说什么我都信。

这是我们生活中常理解的信用，但在严格定义上，这只是信用含义中的一部分。

诚信和信任，是广义信用中的一种表现。诚实守信，被人信任，都是一个人的品质和人格特征，属于道德范畴，是一种主观意愿，一种为人处世的基本准则。

信用，简单来说，就是"借钱还钱"，是指在交易一方承诺未来偿还的前提下，另一方向其提供资金、商品或服务的行为。

"信用"在西方属于经济学类的词语。它属于价值交换滞后所产生的行为，它主要出现的地方在金融领域、流通领域中赊销、信贷等交易行为。总而言之，"信用"就是对借的偿还。

二、信用的分类

信用大致分为三部分（见图1-1）：金融信用、经济信用和社会信用，从金融信用出发，最后扩展到社会信用。

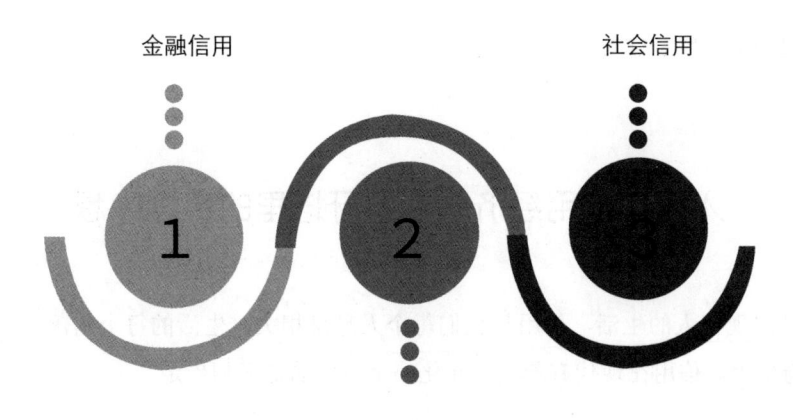

第 1 章
"信用 + 大数据"迎来信用经济新时代

金融信用　　　　　　　社会信用

1　　2　　3

经济信用

图 1-1　信用构成的三要素

1. 金融信用

金融信用即提供贷款和产生债务。在许多场合，金融信用也可以指借债方偿还债务的信誉和能力。金融业由于其特殊的性质，从产生伊始，就和信用相伴相生。

2. 经济信用

经济信用除了金融领域以外，还包含其他商业领域。如合作契约、租车免押金、信用住酒店、先享受服务后付款等模式。

3. 社会信用

社会信用覆盖生活中每一个角落，比如食品安全，为消费者提供安全的食品是商家的责任，这不属于商业信用。

金融信用与借贷领域相关，经济信用覆盖整个商业领域，社会信用覆盖全社会的方方面面。

本书中阐述的信用，主要是金融信用，经济信用作为补充。

信用在金融业占据的地位非同凡响，常言道："信用是银行的生存之本"，金融是银行生存下去的基础，银行既要让存款人有存取款的自由，又要使贷款人有按时还款的自觉性。倘若贷款人不讲信用，没有在规定的还款日将款项归还，那么银行也有权对贷款人追究责任。

入局：信用经济并非象牙塔里的奇思妙想

放眼现代人的生活，信用与我们每个人息息相关，生活的每个角落无处不在渗透着信用，信用在现代有着更多元化、全方位的定义和界定。

信用经济并非象牙塔中的突发奇想，不是我们闭门造车的产物，也不是科学家或经济学家的发明创造，而是在市场经济进化的过程中，人们对经济形态不同发展阶段长期研究分析得出的真实评价，并逐步建立了一整套科学的体系，并被实践反复验证的正确论断。

信用经济发展的成熟程度，直接关系着市场经济稳定运行。我们今天已经迈入了信用经济的崭新时代，经过不断完善，并且融入了互联网大数据的现代科技手段创新，已经形成了一套成熟的经济运行体系，在具有中国特色社会主义的经济社会发展过程中发挥着越来越重要的作用，成为最具活力和创造力的全新经济形态。

【信用场景】信用经济影响着我们的衣食住行、社交、教育、医疗

如今，信用关系已成为社会关注的重点。不仅企业之间普遍存在着信用关系，就连家庭、个人生活也离不开信用。现代经济可以称为"信用经济"。现代经济离开了信用，整个经济运行就会出现障碍。

一、信用经济给生活带来的影响

大数据分析结果显示，信用经济推进了社会信用体系建设。凭借个人的良好信用记录，市民可以享受先上车后买票、先乘车后付款；下榻酒店可以享受免押金入住、免押金租赁物品等多项人性化服务，包括可以免押金租借雨伞、充电宝、拉杆箱……

在很多城市先行试点给初入职场的年轻人，只要信用记录良好，就可以不需要押金租赁公租房，消息一出，市场反响强烈，引起了年轻人的极大兴趣，信用相当于一种变现的价值，不用再担心频繁租房的流动资金压力。

目前，建立在个人信用体系上的信用经济，正在潜移默化地影响着中国人的生活。这种似乎存在于虚拟世界的、非实体的个人信用，很多人已经越来越重视信用的存在感，因为我们已经意识到信用可以变现，可以真实地为我们创造价值。比如，我们大家都在用的共享单车、租赁充电宝、租房等服务，免除押金就是一种信用变现。

二、信用是不能被忽视的

虽然我们已经在信用体系的搭建上做了大量的工作，但由于长期以来对于信用的忽视，导致现在很多时候失信成为一种自然而然的产物。大数据显示，我国的信用经济体系涉及面仅占社会信用体系需求的三成。

跟发达国家相比，覆盖面和影响面差距很大。因为诸多方面的原因，信用体系建设的时间和程度拖延缓慢，导致失信壁垒很低，信用良好的奖励政策又不吸引人，信用缺失已经成为经济生活中最明显的痛点。

长期以来，由于在经济交易过程中信用的明显缺位，导致金融交易成本大大增加，金融交易效率大大降低。比如，办理所有贷款都必须提供担保抵押质押，否则就贷不到款，或者贷款的时间延长，实际上就是对于信用的严重缺失而采取的不得已手段，当然也就使得其中大部分信用良好的用户的信用价值被低估和放弃。

于是，贷款都必须有担保，有的一笔贷款的审批周期相当漫长。这可能跟当时的信用识别手段单一、信用经济的体系不完善有关，没有技术标准去鉴别用户的信用状况。

而现在，信用的价值被普遍认同，生活的各个领域都涉及信用的融入，信用经济成为这个时代的必然产物和经济新形态，更是成了广泛共识。有了这样好的基础，我们就可以利用互联网大数据的云平台来识别个人的信用状况，准确地了解每个人的信用记录。

信用经济生态下，我们每一个人的生活都发生了革命性的变化，信用生活已经渗透到每一个人的生活之中，成为日常生活的重要组成部分。

总之，信用经济并非象牙塔里的奇思妙想，它真实地存在着，并且正深刻地影响着我们生活的方方面面。

【知识导读】新版个人信用报告，让失信行为无处遁形

夫妻"假离婚"骗取首套房贷款资格、多家银行贷款拆东墙补西墙、长期拖欠水费……如果说这些行为在过去可以侥幸，不影响个人信用，那么近日央行新版个人信用报告的出台，将使这些不良行为无处遁形，更加规范个人信用信息的收集。

央行征信中心自2002年提出征信系统以来，一直致力于建设个人征信系统。终于在2004年，人民银行建设了全国统一集中的个人征信系统，不知不觉间，征信系统已经推出十余年了。而征信报告作为征信系统提供的核心作品，这些年也在不断地改革优化。

征信中心在2011年优化了个人信用报告，2012年又推出了面向个人的信用报告。

一、征信报告的4个版本

截止到2019年，征信报告一共有4个版本，它们分别是：

1. 给银行提供查询的银行版；

2. 给个人提供查询的个人版；

3. 供征信系统管理使用的征信中心版；

4. 给其他社会主体提供服务查询的社会版。

新版个人信用报告，可以查看配偶信息，将还款记录延长至5年；还将纳入电信业务、自来水业务缴费情况、欠税、民事裁决、强制执行、行政处罚、低保救助、执业资格和行政奖励等相关信息。

二、新版个人信用报告的三个特点

新版个人信用报告的三个特点见图 1-2。

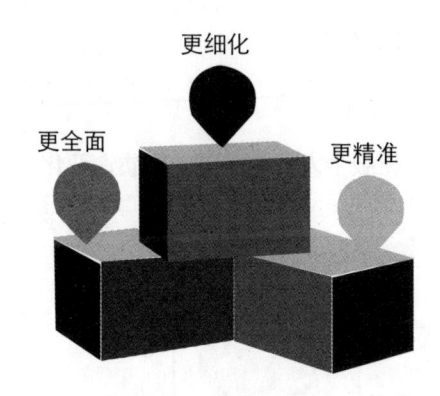

图 1-2 新版个人信用报告的三个特点

1. 更细化

新版个人征信报告，个人信息将更加细化。除旧版个人基本信息之外，新版个人信息将更加完整，还可以查看配偶信息。同时，职业信息也更完整，信息量与个人求职简历相当。

2. 更全面

新版个人征信报告，维度更加丰富、全面。比如，还款记录延长至 5 年，将记录详尽的还款信息、逾期信息；新增还款金额，逾期或透支额也将标注出来。除借贷等金融信息外，新版征信报告将纳入更广泛的信息，如电信业务、自来水业务缴费情况、欠税、民事裁决、强制执行、行政处罚、低保救助、执业资格和行政奖励等信息。

3. 更精准

新版的个人信息更加细化和全面，使得个人信用状况可以得到更加真实的反映，金融机构的信贷管理将变得更有针对性，风险管理更加精准，可有效降低信贷风险。

在旧版征信报告中，假设夫妻双方共同还款，男方主贷，那么女方征信报告中不体现负债；而新版征信报告中，作为共同借款人，夫妻双方征信报告中均会体现负债。

三、新版个人征信的变化

新版个人征信的变化见图1-3。

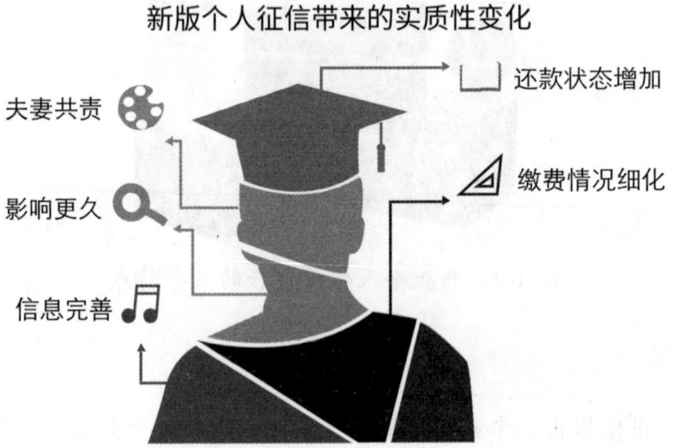

新版个人征信带来的实质性变化

- 夫妻共责
- 影响更久
- 信息完善
- 还款状态增加
- 缴费情况细化

图1-3　新版个人征信的变化

1. 夫妻共责

旧版夫妻共责只追究主贷方的负债，但新版本的征信就不一样了，如果夫妻一起买房，则两人都为共同借款人，都有承担负债的义务。

也许有人不懂，我打个比方：如果现在有夫妻闹离婚，那么他们两人均无法获得低首付的买房优惠。

2. 影响更久

旧版征信报告会将还款记录保持两年，若贷款人有逾期不还或出现呆账的行为，则会作为不良信息自中止之日起保留5年。新版本的征信会将还款记录时间延长至5年，除此以外，还会详细记载贷款人的还款信息和逾期信息。

或许有人还抱有一丝丝侥幸心理，以为只要两年时间就能将过去的记录一笔勾销，但现在不一样了，我相信谁也不愿意耗上 5 年的时光重新开始，所以一定不要逾期。

3. 信息更完善

旧版征信报告在记录手机号时，只会对近期业务系统上报的手机号进行记录。但新版征信报告会记录近期 5 次业务系统上报的手机号，还会陆续更新与用户相关的信息，比如用户的学历、配偶、工作单位、户籍等信息。

如今，手机已经全部采取实名制了，所以手机号和你的征信行为也是密不可分的。打个比方，你的手机号用得越久，银行也就越信任你，因为一个守法良民不会经常换手机号的。反之，一些老赖经常欠债不还就会常换手机号，有了以上信息的跟踪定位，相信老赖们也是逃脱不了。

4. 新增还款状态

如果说旧版征信只显示还款状态，那么新版征信报告会把还款状态、逾期状态和还款金额全部显示出来。央行之所以又增加了两个状态，是想给贷款人多一些期限还款，如果用户能在逾期状态尽快还款，央行还是会根据用户的良好态度不予追究的。

5. 缴费情况细化

旧版征信只显示目前水电费或手机费的欠费情况。而新版征信会记录近两年内的缴费情况，就算用户现在未曾欠费，但只要过去两年出现欠费情况，就会被展示出来。

所以但凡涉及信用的行为都会被记录下来，如果你不想拉低自己的信用值，就不要拖欠日常生活中的缴费项目。

征信本身不代表诚信或信用，它主要是指在借贷领域记录大众以前的信用信息，并预测贷款人能否还款的一种服务。征信所记录的信息大多来自中国人民银行征信系统，主要由中国人民银行征信中心负责采集相关信息数据，比如合同履行信息、个人欠债信息、企业征信等。

起航：在大数据时代重新定义信用经济

如果我说每个人每天的生活方方面面都要与信用这个词打交道，你可能还有点不太相信，那我说信用已经变成一张电子身份标签，随身携带，不用出示这个标签，但却如影随形，你应该就有点理解。尤其在今天，金融科技高度发达的时代，大数据、云平台的广泛开发使用，信用经济有了更丰富的内涵和外延。

【信用场景】老王只想买个比萨，却被大数据暴露得体无完肤

2017年6月，一则"可怕的比萨，告诉你什么叫大数据"的网络搞笑视频被疯狂转发。视频内容是这样的：

客服：尊敬的会员，您好，这里是比萨客，请问有什么需要我为你服务的吗？

老王：我要订餐，哎对了，你怎么知道我是会员啊。

客服：哦，为了更好地服务，我们已将会员与手机信息绑定。先生，您的位置是在东盟大厦25楼吗？

老王：对啊，这，你又是怎么知道的啊？

客服：先生，因为我们接入了大数据系统，并找到了您的定位。

老王：哦哦，我要一个海鲜比萨。

客服：先生，根据您的医疗记录，您的血压和胆固醇都偏高，海鲜比萨并不适合您的身体状况。

老王：哦，那你有什么可以推荐的吗？

客服：根据您上星期下载的《低脂健康食谱》，您应该更喜欢我们的低脂健

第1章
"信用＋大数据"迎来信用经济新时代

康比萨。

老王：好吧，那我要一个大号的吧，一份多少钱？

客服：299元。

客服：但您的一位叫阿里的同事不适宜吃。

同事B：啊？

客服：他上个月刚做完阑尾炎切除手术，还处在恢复期。

老王：好的，那我刷卡。

客服：先生，对不起，您的卡上余额不足，并且您现在欠银行3950元，还不包括您的房贷利息，请您付现款。

老王：知道了，你们直接把比萨送过来吧，我这里有现金，你们多久能送到？

客服：大约30分钟，如果您不想等，可以自己骑电动车来取，根据我们大数据定位系统显示，您有一辆电动车，目前正停在您楼下，离我们最近的店只有200米。

老王：好吧。

客服：先生，建议您再带一份小份海鲜比萨。

老王：为什么啊？你不是说我不能吃吗？

客服：根据大数据显示，您最近跟一位女士通话频率高、时间长，我们分析应该是您的情人，今天又是2月14日，而这位手机用户近来一直买的是海鲜比萨，她应该喜欢这种口味。对了，您最好30分钟以内离开。否则您就不方便了。

老王：为什么？

客服：根据我们定位系统显示，您的爱人大约30分钟后到达您所处的位置。而且您已在南亚酒店订了今晚的房间，订房姓名正好是您和这位女士的。

老王：……

你瞧，老王本来只是想买个比萨，却被大数据暴露得"体无完肤"，让我们不得不感慨大数据的神奇。虽然上面的场景多多少少会让人觉得隐私被泄露，有不爽的感觉，但如果把大数据用到征信里，它就给我们带来积极的作用。

【信用场景】大数据，让征信更简单

2026年8月，小美去英国度假，刚进候机厅就发现手机传来一条消息，上面显示了登机口的位置，小美根据信息的指示直接进入登机口完成安全检查，再将行李放到旁边的自动履带上，最后通过人形扫描仪选了一个适合自己身形的座位，还顺带选择了自己喜欢的飞机餐，而这整个流程不超过3分钟。

小美感叹科技的伟大，又回想起二十几年前登机是多么烦琐，如今已不需要护照和人身检查，登机全流程靠科技扫描完成，更不用检查人员反复搜身了，小美美滋滋地跟闺蜜打电话："现在科技发达了真好啊，不但免去了托运行李、查验违禁物品等糟糕体验，还能免费通话呢。"

上面所虚构的场景是对未来科技的想象，我相信随着高科技和互联网的蓬勃发展，每个人的信用值都会普及到生活的方方面面。

征信最早起源于欧美，早在工业革命后期就已经出现了征信体系。但由于当时的科技不够先进，导致获取信息数据困难，传统的征信只能靠熟人获取信息，其难度可想而知，不但如此，当时的环境与地域范围也极大限制了数据的采集。

如今，全球已步入人工智能时代，征信也逐渐变得多样化和现代化，征信不只在风险识别、金融交易分析决策、防控、数据搜集和处理上起到了关键作用，还从各方面提升了客户体验，现在社会的各项活动都离不开征信。

比起传统征信，2019年的数据技术在解决征信问题中的主要作用如表1-1所示。

表1-1 人工智能在解决征信问题中的应用

应用场景	传统方式	智能化方式
征信与风控	小额靠地推，风控靠实地调查	多渠道获取用户多维度数据，包括通话记录、短信、购买历史等，提取画像，建立模型，进行评判、贷中监控、贷后反馈
反欺诈	靠人工时长，错误率高	缩短时间，降低错误率，运用机器学习知识和规则，从海量数据中发现异常，如盗刷信用卡等
智能投顾	传统人工一对一，精力有限、信息有限	资产组合，佣金低，透明化，涵盖范围广泛
营销与客服	人工成本高，需要经验	用户画像，精准营销，确定的问题自动回答，提升客服效率和体验
投资决策	人工搜集资料时间、精力有限	海量数据，实时抓取，智能分析，提高效率

为了将来的发展，我们现在绝不能忽略大数据带来的好处，具体如下：

（1）智能设备能连续七天七夜不间断地工作，不需要任何休息时间。

（2）智能设备可以帮助我们分析筛选大量的数据，它自带的功能可以更精准地做出决策。

（3）智能设备在分析问题时更加公平，不会受到外界或人类的干扰，直接避免了操作风险，人们也不会质疑它的分析。而数据最能产生商业价值的领域莫过于金融行业，所以人工智能将会借助金融行业发展得更加快速。

【知识导读】什么是信用大数据

社会信用产品的核心方向之所以发生了从信用数据到信用数据应用的转变，是由于社会信用体系在不断地发展与完善。比如金电智诚公司作为在社会信用体系建设中领先的服务商，在2009—2019年社会信用体系高速建设的十年中，由原来的"一库两网一平台"转变成"一网三库一平台多应用"。为了实现这一转变，金电智诚结合自身的实际情况，很好地使用了信用基准评价系统、行政许可和行政处罚双公示系统、数据交换平台的应用。

在这一转变过程中，金电智诚依托于信用大数据技术，解决了社会信用体系建设过程中"获得信息不对称"的问题，加速了信用信息采集的速度，扩大了信息采集的范围，促进了数据应用的灵活运用。

从图1-4中，我们可以更加清楚地明白社会信用产品核心方向的转变。

过去

❶ 定义数据（集）表
按部门定义各个数据表及其字段

❷ 数据搜集与导入
开发C/S模式的文本导入系统，由信用信息中心从各部门搜集数据后按照定义的数据表格式进行整理，由系统管理员同意导入。

❸ 数据查询
将定义的数据表据——排列展示，通过企业名企、工商注册号、组织机构代码三项主要指标进行关联查询。

渐变

现在

❶ 管理数据（集）表
通过WEB管理系统，对各数据表进行管理

❷ 数据采集与关联
多种数据采集方式：
a）开发web系统，由各部门自行导入文本数据；
b）通过前置机对接的方式进行数据交换；
c）通过网络抓取进行数据补充。

❸ 定义数据目录查询
查询项可通过管理系统进行自定义，并可针对某一数据项进行权限管理。

❹ 信用数据应用
诚信无锡　　信用基准评价系统
行政许可和行政处罚双公示系统　　数据交换平

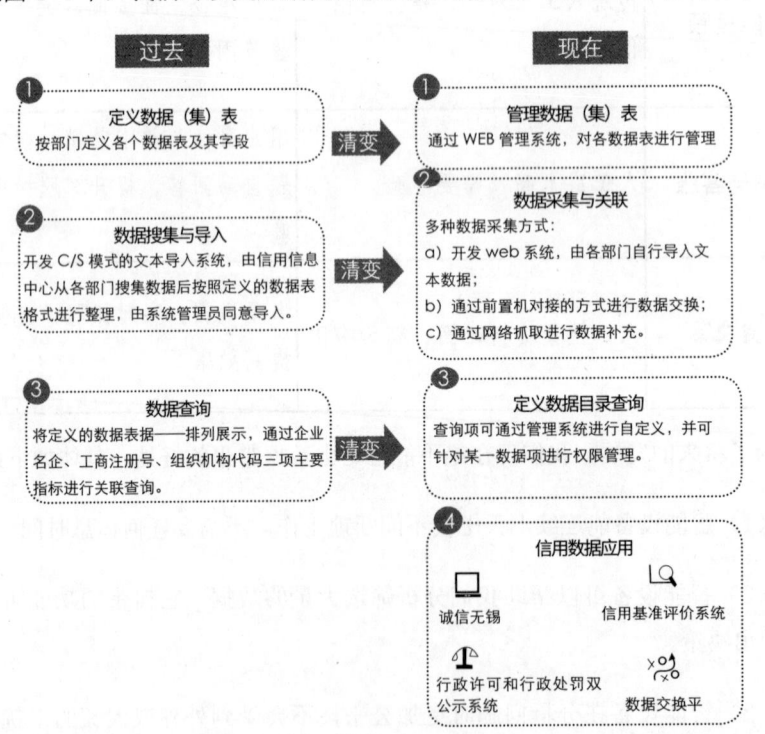

图1-4　社会信用产品核心方向的转变

随着互联网技术的发展，"大数据"化已经成了各行各业不可避免的趋势。

信用服务与信用产品领域也不例外，在未来也必将会呈现"大数据化"的趋势。信用大数据的系统结构如图 1-5。

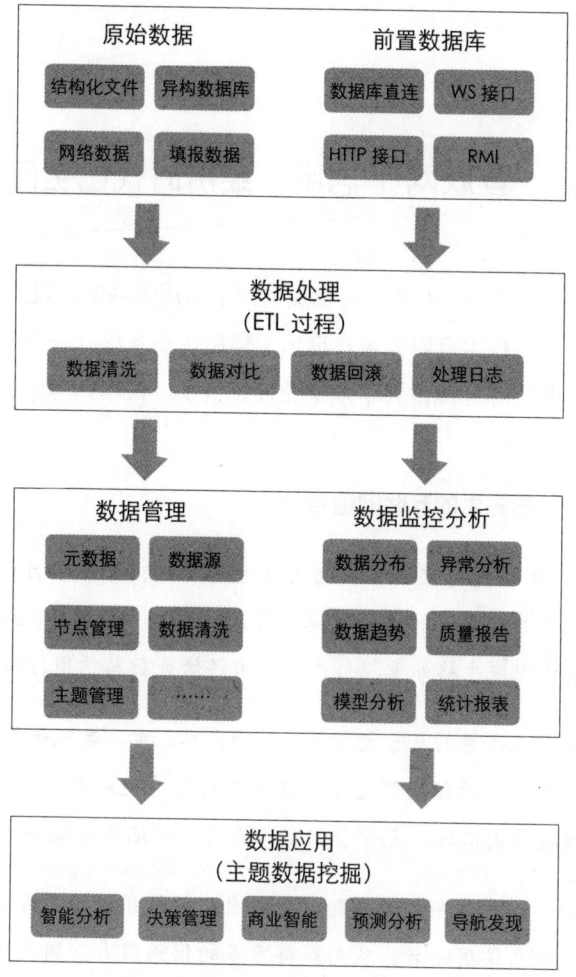

图 1-5　信用大数据的系统结构

根据图 1-5，我们可以了解到，信用大数据是通过大数据技术对信用数据进行采集、处理、管理、监控分析，最终将数据结果应用到智能分析、决策管理、预测分析等方面。这可以使人们的工作与生活更加便捷。与以往的信用数据归集的方法相比，信用大数据技术具有指标存储、自动关联、即时查询、多元化应用等优势。

跃动："互联网+信用"经济时代已全面开启

目前，许多金融公司、服务公司也加入到了信用体系的建设队伍之中。例如，支付宝（中国）网络技术有限公司，推出了信用评估系统——芝麻信用，并根据芝麻信用计算出的芝麻分提供共享单车免押、借呗、信用购等信用服务，极大地方便了人们的衣食住行。

【信用场景】周先生的互联网信用分

周先生 2017 年在支付宝平台上通过开通芝麻分，开始了自己的信用旅程，并会定期查看自己的芝麻分。通过芝麻分的加加减减，周先生能够及时了解自己的信用等级，这使周先生格外重视自己的信用评估分数与信用行为。

例如，一定会在每月的 9 号之前还完花呗，水、电、燃气等费用的定时缴纳，在相关网站上上传相关的信用信息等。这些信用行为使周先生可以享受到更多信用服务，比如提醒信用借还、免押金住宿、提供逾期记录等服务。

通过芝麻分，周先生不仅可以随时查看自己的信用评估，还可以通过一些信用行为，不断地提高信用分数，从而获得更多的信用服务。周先生由衷地希望，信用分可以越办越好，为群众提供更好、更多的服务。

上文中提到的周先生开通的芝麻分其实就是信用分的一种。所谓的信用分就是使用数据基础和模型，快速地评估信用主体的信用，并用数字表现信用等级的形式。在评估过程中要遵循科学性、本土化、稳定性等原则。

信用评分模型是信用分业务的核心内容。例如，芝麻分就是通过对信用主体的身份、人脉关系、消费行为、履约能力、历史信用记录这五个方面建立其信用评分模型。创建这样的模型，需要不断地进行样本选择、建立模型、检验模型、调整模型。在这个复杂过程中，工作人员需要始终秉持着严谨的态度，将大数据技术与长期的经验积累结合，从而采集、筛选和处理各种信用信息，为建立信用评分模型打造基础。

【知识导读】互联网+信用的蓬勃发展

互联网信用在传统的征信模式的基础上，通过互联网大数据技术将征信智能化、全面化与动态化。

"科学技术是第一生产力"，这句话同样适用于互联网信用，大数据技术就是互联网信用的第一生产力。我们可以将大数据技术理解为：通过信息技术快速地撷取、管理、处理人脑无法接收的、规模巨大的数据资料的技术。通过大数据技术筛选处理的信息具有数据量大、数据种类多、实时性强等特点。

大数据技术在不断的发展过程中，逐步形成包含大数据采集、大数据预处理、大数据存储及管理、大数据分析及挖掘、大数据展现和应用等的关键技术，这为数据处理提供了更加便捷、准确的方法。

根据一个人的过往信用数据记录，判断其履约能力，是信用评估的核心内容。通过大数据技术可以收集到信用主体更多的信用数据记录，因此对信用主体的评判更加全面。

各行各业，甚至是个人每天都在产生数量庞大的数据信息。云存储、云计算、风控等技术是处理这些信息必不可少的技术，对互联网信用信息的处理也有着重要作用。

在电商、社交、互联网金融、消费等新场景之中的互联网信用，可以收集用户的各类信用信息作为信用评估信息的来源，如免交押金住宿、云借书、网页浏览、购物等信息。从而为各类提供信用服务的互联网金融机构与企业提供数据支持，为信用良好的用户提供更好的服务。

大数据将会给我们的生活、工作和思维带来巨大的变革，将会促进时代的大转型。这是维克托·迈尔-舍恩伯格在《大数据时代》一书中提出的观点。从这

信用经济
——建立信用体系创造商业价值

本书中,我们可以了解到思维的转变主要是从"关注因果关系"到"关注相关关系"。换句话说,我们在关注一件事物时,首先会想到的是"这是什么",而不是去追问"为什么"。这样的思维方式的转变,将会给我们的关注与生活带来巨大的变化。

这种变化也会促使互联网信用借助于云储存、云计算的大数据技术,并以风控模型为辅,创造更为智能化的信用评估模型,紧跟社会发展,为经济的繁荣贡献一份力量。

第 2 章

追本溯源：
信用常识知多少

俗话说：人无信不立。在制度化体系越来越完善的今天，这五个字显得尤为重要。当今社会，信用消费已经涉及了我们生活的方方面面，对于信用有瑕疵的人，他的生活会明显受到征信不良的影响。可以这样说，如果没有诚信，那么不久的将来，你将在社会上寸步难行。

天眼问道：信用究竟是什么

我们可以想象一下生活场景：清晨闹钟定时醒来，就是信用良好的第一个表现。

睁开眼打开手机后，浏览页面，每天刷新 APP 的内容和记录，其实就是平台在累积你的信用记录；买早餐、骑共享单车或乘坐公交，每一次移动支付，每一次扫码，你的每一条信用数据都在积累，大数据都进行了汇总。

日常生活中的信用卡还款、房贷车贷还款记录、水电费缴费记录、花呗还款记录，涉及到生活的每一个细节。打开电脑登录软件，手机扫码支付，所有的大数据、云计算科技手段都会形成你的信用数据库，影响着我们的生活。

【信用场景】古有曾子杀猪、商鞅立木建信，今有刷脸走遍天下

场景1：春秋末年，鲁国有一个人叫曾子，他是孔子的弟子，字子舆。有一天，曾子的妻子带着孩子去集市，孩子跟在妻子的后面边走边哭。曾子的妻子说："回去给你杀猪，一起吃猪肉。"当妻子带着孩子从集市回来，曾子便要动手杀猪。他的妻子急忙制止："这是跟孩子闹着玩的。"曾子说："我们不能跟孩子开玩笑，孩子也是有自己的思想的，他的一言一行都是以父母为榜样来学习的。今天你骗了他，是教他以后骗人的，母亲欺骗孩子，孩子以后就不会相信母亲，这不是我们要教给他的东西。"于是，曾子杀猪开始烹煮猪肉。

这个故事告诉我们：作为家长不能欺骗孩子，要言而有信。在言传身教中，孩子就会学到大人身上的诚实，否则，孩子也会跟着大人将诚信丢失。

场景2：商鞅想要推广新法。为了取得百姓的信任，商鞅将三丈之木立在了秦国首都的南门，并下令：如果有人能把这根木头搬到北门，将奖励十金。百姓对这个命令不相信，没有人去搬这根木头。此时，商鞅又加重赏金，如果有人能把这根木头搬到北门，奖励50金。这个时候，有个人抱着试一试的心理把这根木头搬到了北门，商鞅当即就奖励了他50金，表明自己的诚信。

立木取信，这种做法让老百姓感受到了商鞅的诚意，对他推行新法起到了重要的作用。常言道，人无信不立。小到个人，大到国家，都是一样的道理。

场景3：在福州六一路，有这样一家餐饮店，在店门口有一台刷脸机器，它除了显示宣传海报之外，还能提醒路人有"信用优惠"活动的信息。具体如下：消费者在刷脸支付时，如果芝麻信用分大于650分，而且承诺半个月内消费2次，每次就会享受八折优惠，如果食言，优惠将自动扣除。这家店的店长介绍，现在店里不需要办打折卡，只要凭借信用担保就能享受优惠服务。而且，出门忘带手机也没关系，可以刷脸付款，让现在都市人的生活变得越来越方便了。

【知识导读】信用的内涵

信用究竟是什么？我想大家应该有了一个初步的概念，对这个耳熟能详的词也有了一些更深入的认识。

从古至今，信用的概念一直被认为。只是大家对约定俗成行为的一种阐释，如前面提到的威信、信任。现在所说的信用则已经是个实实在在的东西，如没有按时还款，那么在中国人民银行征信中心体现的就是你的信用有瑕疵，这会给你的生活带来不便，对你购房、出行等都有影响。

一、信用的概念

信用既是社会经济主体的一种理性行为，也是一种能力体现。

虽然信用经济在我国发展和起步比较晚，但由于信用在中国的传统文化里由来已久，这种好的品质更容易生根发芽。作为身处信用经济时代的我们，形成良好的信用意识，关注自己的信用体系，就能在未来创造更多的财富。

信用变得越来越值钱了，信用经济真的可以让信用良好的人尝到更多的甜头。

信用经济已然不是奇思妙想，而是跟我们息息相关、形影不离的生活搭档。

守信走遍天下，失信寸步难行；信用就是一种无形资产，就是我们的变现价值。信用记录良好，房贷利率可以优惠，贷款额度可以更高，信用卡透支额度可以升级，很多个性化服务都可以免押金等等。

二、信用平台

从较高的层面讲，信用经济是将每个人的信用资源最大限度地变现与展示价值。任何一笔信用交易的发生，都会影响你的信用记录，云平台可能迅速反映出你最新的信用状况，及时更新，实时反馈，也就能够让信用交易更容易识别和判断，效率更高。

我们这里所讲的信用平台，通常指的是征信中心。征信中心是将一个人的信用历史客观记录，并将这些记录呈现给银行。通过"让事实说话"，让每个人都能得到公平的信贷机会。在信用报告里，银行可以查到任何它需要了解的信息，不用再去调查、核实纸质申请表信息的真实度。

三、个人信用

从个人层面来讲，每一个人已经充分认识到诚实守信是最主要的生活价值观。每一次信用交易都会成为你未来的信用价值记录，所以不能忽视每一次信用交易，信用时刻影响着我们的生活。

个人信用之所以在借贷中发挥着重要作用，是因为在个人信贷信息中记录了一个人的借贷履约行为记录。俗话说："好借好还，再借不难。"如果你的信用报告反映你是一个按时还款、认真履约的人，银行肯定喜欢你，不但能提供车贷、房贷等信贷服务，还可能在金额上给予高额度，在利率上给予优惠。

如果信用报告中出现了你借钱不还的记录，这个记录就会影响你贷款的结果，因为银行会因为这个记录慎重考虑是否要贷款给你，或许会让你提供抵押物或者担保人，也有可能提高贷款的利率，更严重的可能会对你的贷款申请予以拒绝。如果在信用报告中体现你从银行已经贷了很多钱，银行也会根据此类情况慎重考虑，拒绝你的贷款申请。

信用是一个人在生活中必不可少的无形资产，如何管理好自己的信用，每个人都要谨慎对待，在未来，信用即财富。

深度认知：国内外信用体系概况

在我国，征信体系主要包含三个板块：行政征信、商务征信以及金融征信。我们现在经常提起的征信是金融征信，它主要用于向银行提供个人贷款和信用卡审批的可行性参考。实际上，征信的服务范围远不止这些。

【信用场景】美国信用体系私人市场化服务

在美国，负责整理收录个人信用记录的机构不是政府，而是市场化运作的私人征信服务公司，其发展历程见图2-1。这些公司会将个人信用报告有偿提供给银行、保险公司、房地产商以及用人单位。有时候，银行和保险公司也会主动向他们提供信用记录，目的是以低廉甚至免费的价格从征信公司获取他们所需的消费者信用报告。

美国征信行业发展历程

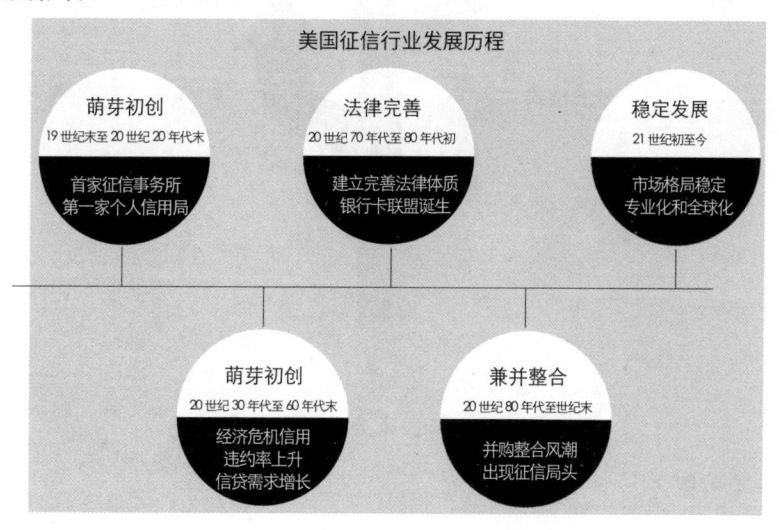

- 萌芽初创（19世纪末至20世纪20年代末）：首家征信事务所，第一家个人信用局
- 法律完善（20世纪70年代至80年代初）：建立完善法律体质，银行卡联盟诞生
- 稳定发展（21世纪初至今）：市场格局稳定，专业化和全球化
- 萌芽初创（20世纪30年代至60年代末）：经济危机信用违约率上升，信贷需求增长
- 兼并整合（20世纪80年代至世纪末）：并购整合风潮，出现征信局头

图2-1 美国征信行业发展历程

据权威部门统计，美国 1.7 亿成年人的信用资料被这些私人征信公司所掌握，征信公司平均每年会出售超过 6 亿份的信用报告。当前，美国主要的征信公司有三家，它们分别是益百利、爱贵发、全联。全美 98% 以上家庭的信用数据资料被这三家公司所拥有，依靠于每天产生高达 200 万份的信用报告，这三家公司的年营业额高达百亿美元。

【知识导读】国内外信用体系

征信机构是独立的第三方的企业，它是通过技术或自身系统的优势对主体的信息进行采集、加工和整理，并使用专门的信用模型后总结出主体信用，最后向授信机构提供服务的活动。

征信服务的模式

从国外征信业实践情况出发来总结，征信服务的模式主要有以下三种（见图 2-2）。

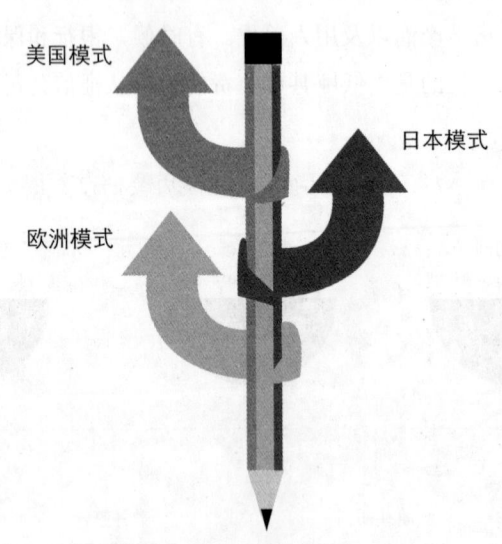

图 2-2　征信服务的三种模式

1. 美国模式

其代表的国家有：英国、美国、加拿大、澳大利亚。美国模式的特点：私人公司市场化运作全国的企业和个人征信、评级、调查，向社会提供全方位有偿的商业征信服务。

2. 欧洲模式

代表国家：法国、德国、比利时。欧洲模式的特点：央行建立信贷登记系统（主要包括企业信贷信息和个人消费信贷信息）的全国数据库和网络系统。

3. 日本模式

代表国家：日本。日本模式的特点：全国建立会员制征信机构，客户的信用信息由会员银行有义务如实提供。

从以上三种模式可以看出，欧洲与我国的征信服务方式更为类似。

我们从更深的层面来进行剖析，可以发现，征信服务模式的区别主要在于国家和市场为主题主导征信体系的构建。在我国，征信体系的构建当前还是由国家来主导，以公共征信为主，市场化信用机构参与，互联网大数据技术发挥参考作用的体系。

评分而论：国内外信用评分模型

信用评分主要是指银行利用一定的信用评分模型，根据客户的历史信用资料，来给客户做信用等级分数的评估。根据评估信用分数的结果，银行来决定给予客户相应的授信额度和利率。虽然这种分析结果也可以通过人工来完成，但利用信用评分可以更加方便、客观，更加具有一致性。

通俗来说，信用评分就是银行利用消费者过往的信用记录来对未来的信用行为做一个预测。

【信用场景】芝麻信用 750 分免签去欧洲

享受零押金住酒店在以前是从未出现过的，但自从芝麻信用推出以后，只要芝麻信用分满 600 分就能享受到这一优惠，截至目前，超过 5500 家酒店加入了这一行列，芝麻信用超过 600 分的客户在这些酒店办理入住，可以不用担负任何押金，先入住后付款，退房的时候只要将门卡放到前台就行，相关房费和消费系统会自动从你的支付宝账户中扣除。

芝麻信用分在 650 分以上的用户租车可以免押金，去医院可以诊疗之后再付费，因为信用记录的缘故，可以将每个人的排队付费时间缩减到以前的 1/4。

当芝麻信用分达到 700 分，小蓝单车的押金就能免除，而且还可以凭借芝麻信用分免费进入机场的 VIP 室，办理快捷签证。

对于芝麻信用在 750 分以上的用户，就能顺利地通过支付宝申请信用卡或者相关金融业务。而且对于超过 750 分以上的用户，还能申请卢森堡签证，自由出入欧盟 20 多个国家。

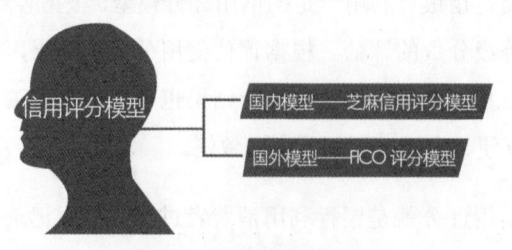

【知识导读】信用评分模型

信用评分模型是最近几年广泛运用的模型，它主要是为了保障银行和其他金融部门的金融安全所设立的关于人身金融权限的划定模型。它根据客户的信用历史资料，通过信用评分模型以得出不同等级的信用分数，再通过客户的信用分数来决定客户可以获得的金额权限，以保证还款等业务的安全性。

信用评分模型

常见的两种信用评分模型（见图 2-3）。

图 2-3 信用评分模型

信用评分模型
- 国内模型——芝麻信用评分模型
- 国外模型——FICO 评分模型

1. 国内模型——芝麻信用评分模型

芝麻信用，是独立的第三方征信机构，它是由蚂蚁金服推出的。芝麻信用主要依靠云计算、机器学习等一系列手段将个人信用状况客观呈现。它现在已经广泛应用于人们生活中方方面面的上百个场景中，为广大用户和商户提供信用服务。

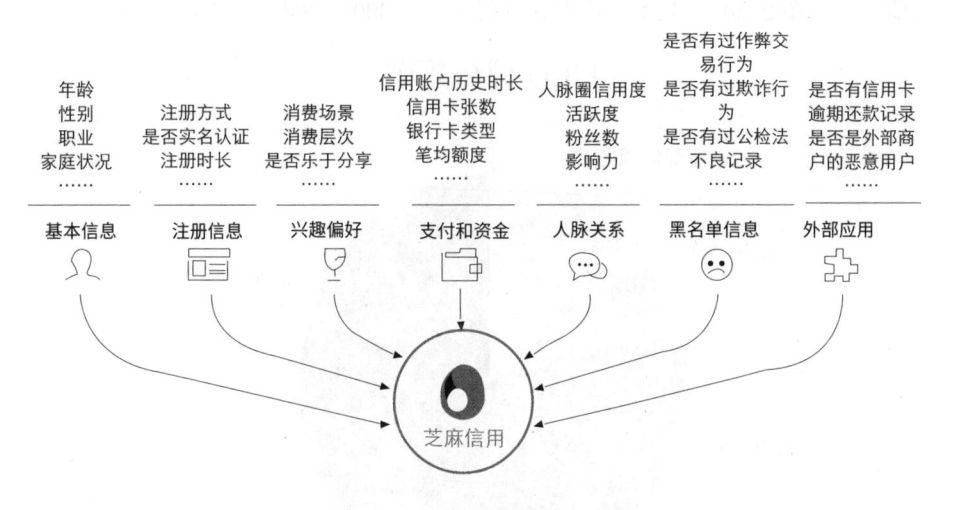

```
年龄            注册方式         消费场景      信用账户历史时长    人脉圈信用度    是否有过作弊交    是否有信用卡
性别            是否实名认证      消费层次      信用卡张数         活跃度          易行为            逾期还款记录
职业            注册时长         是否乐于分享   银行卡类型         粉丝数          是否有过欺诈行    是否是外部商
家庭状况         ……             ……          笔均额度           影响力          为                户的恶意用户
……                                          ……               ……             是否有过公检法    ……
                                                                              不良记录
                                                                              ……

基本信息         注册信息         兴趣偏好      支付和资金         人脉关系        黑名单信息         外部应用
```

图 2-4　芝麻信用的数据来源

芝麻信用分通过采集多元化的数据（见图 2-4），经过大数据分析技术进行一系列分析，用来为贷款方从不同角度考量用户的还款能力以及还款意愿，作出全面、客观合理的信用评分，为用户提供快速授信及现金分期服务。

芝麻信用分的评估主要基于五个维度：用户信用历史、行为偏好、履约能力、身份特质以及人脉关系等。

与传统征信数据不同的是，芝麻信用数据除了涵盖自身的电商交易数据以及互联网金融数据之外，还囊括了信用卡还款、网购、转账、理财以及水电煤缴费、租房信息、住址搬迁历史以及社交关系变化等数据。

新巴塞尔资本协议中提出，零售信贷需要进行"内部评级高级法"的评估。其中规定银行的资本金水平需要与其信贷资产的风险水平相关联。在国内，信贷资产风险水平的衡量依据是"内部评级"，最常用的手段就是信用评分模型。

2. 国外模型——FICO 评分模型

在美国，应用最广泛的一种评分系统是 FICO 评分模型系统，它是由 Fair

Isaac 公司开发的信用评分系统。此系统模型主要建立在五种因素上，即客户信用偿还历史、信用账户数、信用的使用年限、正在使用的信用类型以及新开的信用账户（见图 2-5）。此系统信用分数范围介于 300～850 分之间。

FICO 评分规则

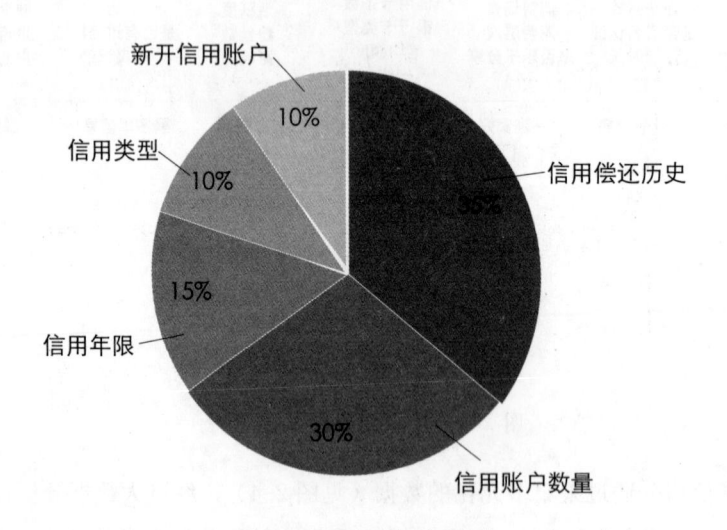

- 新开信用账户 10%
- 信用类型 10%
- 信用年限 15%
- 信用偿还历史 35%
- 信用账户数量 30%

图 2-5　FICO 评分规则

此系统评分能够让贷款方在短时间内客观获得用户的信用风险，有效缩短授信的时间。

此系统评分与客户的信用风险成反比，评分越高，说明客户的信用风险越小。但一个客户的好坏并非只是靠分数来区分的，分数只能作为银行贷款决策的依据。每个贷款方都有自身的贷款策略以及标准，不同的产品有不同的风险水平，与之对应的就是不同的信用分数。

通常来说，如果此系统用户的信用评分达到 680 分，贷款方就会立即同意用户的贷款请求。如果此系统用户评分低于 620 分，贷款方就会要求贷款人增加担保，甚至拒绝用户贷款请求。如果此系统用户评分介于 620～680 分之间，贷款方需要对用户做进一步调查，采用其他分析工具进行处理。

FICO 评分在美国被广泛应用，根据此系统评分，人们能够更快地获得信用贷款,甚至可以通过网络申请获得贷款,贷款时间有效缩短,交易效率显著提高,交易成本明显降低。FICO 系统的使用,可以让贷款方作出正确的决策,将用户的性别、种族、宗教、国籍以及婚姻状况等因素排除在外,更加客观地进行评分。在此系统中,不同的信用信息,它的权重也是不相同的,一般来说,信用信息越早,对评分的影响就越小。

FICO 评分系统的分值对信用风险是有一定影响的,它的分值主要集中在 500 到 800 分,评分越低,信用风险越大。有关统计表明,借款人的违约比例与信用分值是成反比的,信用分值越高,借款人的违约比例越低。

与国内大多数金融机构相比,美国金融的信用评分方法有三个特点。

(1)比较客观

美国金融的信用评分方法是基于大数据提炼的,具有客观预测信息。不会因一些主观因素(审批人员的主观感受、个人偏见、个人好恶和情绪等)而改变,有效降低了人工审批的随意性和不合理性。

(2)前后一致

实施过程中,如果使用的评分卡相同,评估和决策的标准不会因为审批员的改变而改变。

(3)非常精准

评分结果是由科学的分析方法得到的,能够对风险和受益有一个比较准确的预测,找到其中最佳的平衡点。

在国内,大部分银行在信用评分方面已经取得初步成功。如招商银行引入 Fair Isaac 公司的信贷审批决策引擎系统,广发银行引入了 SAS 公司的风险审批评分系统等。这些系统的应用,能够有效推动业务拓展和风险管理工作,进一步掌握客户的信用情况。

总之,信用评分模型的运用,在金融风险管理上已经成为国际上普遍承认的最佳操作范例。

任重道远：中国信用体系建设

我国的个人征信系统建设始于2004年，截至目前，已经取得了长足的进步。从国家层面出发，国家对社会信用体系建设非常重视，并于2014年出台相关文件，将信用体系建设提升到了国家治理体系以及治理能力现代化的层面上来。

涵盖全国、统一集中管理的金融信息基础数据库由中国人民银行组织银行机构建成。国内的每一家金融机构以及个人都有相应的信用档案，将相关企业和个人的信用服务水平提升到了一个新的高度。

【信用场景】影响10亿人的大事！新征信系统如何影响个人征信

网上央行征信中心明确指出：二代征信系统的建设工作仍在优化之中。并且没有指出新版信用报告明确的上线时间，并且目前所有的金融机构和社会公众在查询征信时依旧沿用现有信用报告。而且新版信用报告不会强制记录水、电费等缴纳情况。如果新版信用报告要纳入这类信息，就必须得到该信息主体本人的同意。

央行相关负责人表示，本次升级并不会改变数据传送机构和传送数据的种类；也不会改变在征信系统运行过程中，趋于稳定的信用报告的基本结构和内容。因此，本次升级对个人经济生活的影响不会发生太大变化。

如今信用已经融入生活的各个方面，小到共享单车的使用，大到大额贷款。因此，我们要保管好自己的信用信息。例如，尽量不要用公共网络查询相关信息，不要轻易把信用报告提供给其他商业机构；信用报告使用完后，不要随意丢弃，避免泄露信用信息，被他人盗用。每年几乎都会有大学生在兼职时泄露了自己的身份证信息,让他人利用其身份证详细信息借高利贷的案例出现。

不仅在使用身份证、信用报告时需要谨慎对待,就个人签名也需谨慎使用。在合同、法律文件上的签名都是具有法律效力的,因此在签名前,一定要仔细阅读合同内容,避免掉入"火坑"。

【知识导读】我国目前信用体系建设情况

2019 年,中国的社会信用体系建设迎来了全面渗透、全面提升、联合推动的新阶段,在未来,中国也将不断推动各地开展社会信用体系试点建设。

我国信用体系建设取得的成果

我国信用体系建设已经取得如下八个成果(见图 2-6)。

信用评分模型
- 社会信用体系架构搭建完成
- 建立统一社会信用代码制度
- 实现社会信用信息全国共享
- 信用联合奖惩制度已逐步建立
- 《企业信息公示暂行条例》付诸实施
- 社会信用体系相关示范城市正在建设
- 逐步确立信用法规和标准
- 进一步完善市场化社会信用服务

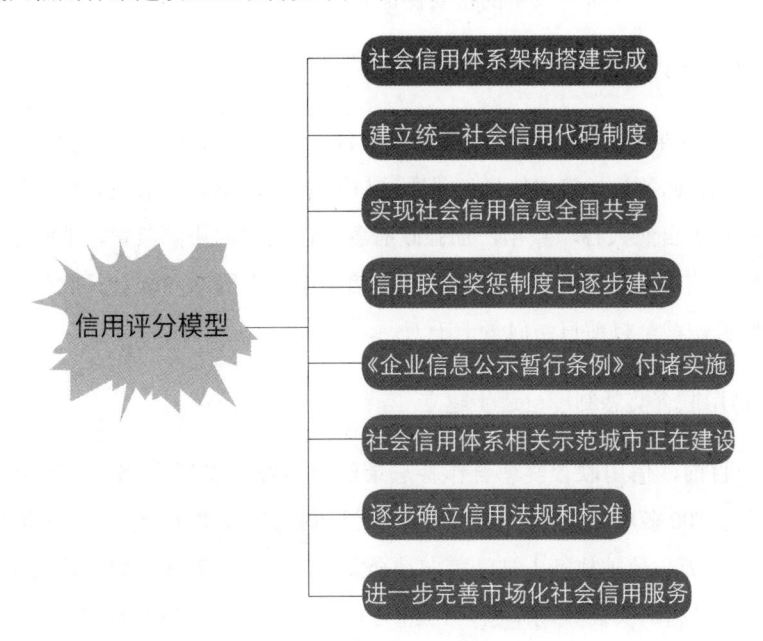

图 2-6 我国信用体系建设取得的成果

1. 社会信用体系架构搭建完成

《社会信用体系建设规划纲要(2014—2020 年)》和《关于建立完善守信联合激励和失信联合惩戒制度,加快推进社会诚信建设的指导意见》等文件的正式发布，标志着我国社会信用体系架构搭建基本完成。

政务诚信、商务诚信、社会诚信以及司法诚信是我国社会信用体系建设的四大领域范畴。在2007年，国务院就成立了社会信用体系建设部际联席会议。在2012年，国务院对部际联合会议进行了进一步的调整，变成由国家发改委和中国人民银行双牵头，此时已有40余家单位加入进来。

2. 建立统一社会信用代码制度

我们来看这样一组数据，全国法人和非法人组织存量代码转换率截至2018年3月达到了99.8%，存量证照换发率达到了82%；个体工商户存量换码率截至2018年3月达到了95%。这些数据有效奠定了社会信用信息归集的基础，是商事制度改革以及"放管服"改革的重要保证。

3. 实现社会信用信息全国共享

截至2018年6月，全国信用信息共享平台已经覆盖44个部委和所有省、区、市，收集高达175亿条各类信用信息，并通过与国家人口库建立信息核查与叠加机制，进一步完善了自然人各项数据，加强政府各部门之间的协同监管，消除了政府各部门之间的信息互通障碍。与此同时，"信用中国"网站向社会开放公共信用信息查询服务，截至目前日访问量上千万。

4. 信用联合奖惩制度已逐步建立

截至目前，信用联合奖惩合作备忘录已经签署了37个，各项联合奖惩措施已经制定了100多项，"发起—响应—反馈"机制已初步建立。截至2018年4月底，已有1054.2万失信被执行人被法院向社会发布，1114.1万人被限制购买飞机票，425万人被限制购买高铁动车票，1848万户市场主体被监管总局吊销，457万户经营异常名录以及3.3万户严重违法失信企业被公布。在这些失信被执行人中，高达250万人因为害怕信用惩戒措施而主动履行义务。在招投标以及政府采购过程中，相关黑红名单信息通过"信用中国"网站被广泛查询。

5. 《企业信息公示暂行条例》付诸实施

企业信息公示制度已经确立，企业年报制度取代之前的年检制度，与此同时，行政许可和行政处罚信息7个工作日内双公示制度已建立实施。

6. 社会信用体系相关示范城市正在建设

2015—2016年两年间，国家相关部门先后确定两批共43个城市为创建社会信用体系示范城市。两年后，根据创建成效评级，杭州、南京、厦门、成都、苏州、宿迁、惠州、温州、威海、潍坊、义乌、荣成等12个城市被评定为首批示范城市。除此之外，创建长三角地区国家社会信用体系合作示范区被批复同意，以此来探索相关可复制以及推广的经验做法。

7. 逐步确立信用法规和标准

形成初稿的有：《信用法》《公共信用信息管理条例》《统一社会信用代码管理办法》，国家发布了《企业信用评价指标》《企业诚信管理体系》等28项信用领域执行标准。

8. 进一步完善市场化社会信用服务

目前，在央行系统备案并开展相关业务的企业征信机构约有130家，信用评级机构约有100家。在2018年1月，首张个人征信牌照被授予百行征信有限公司。

截至2018年7月，地方性信用法规已经在陕西、湖北、上海、河北以及浙江五省出台；南京市适时推出"市民诚信卡"，可以为市民提供相关服务；杭州市的诚信市民可以享有乘公共交通时可先乘车后付款以及图书馆借书免押金的优惠服务；苏州在探索市民信用评价上，推出了"桂花分"；上海浦东为了支持政府诚信建设，开始着手研究"政务诚信指标体系"。除此之外，越来越多的省、市开始积极探索用信用监管手段来达到优化营商环境的目的。

第 3 章

寻信启示：信用到底和我们有什么关系

信用给我们的生活带来的改变，实在是数不胜数。如今，信用已经覆盖我们生活的方方面面。征信机构更是如雨后春笋般出现，信用评估和信用转化应用也随之多元化，相信今后信用优良的人也将增多，人们会更深刻地感受到信用这一隐形财富所带来的"特权"及派生价值。

衣食住行社交：因信用而便利

在市场经济条件下，企业及个人信用制度已经非常重要。良好的信用能为企业金融贷款带来便利，降低贷款利率、提升企业形象、获得政府资源支持等；良好的信用能便捷个人借款，降低公共资源认证费用，提升信用贷款金额等。

大家想必对移动支付的开拓者支付宝不陌生吧，它从推出至今国内用户数量已达9亿之多，这已经堪比现在国内的社交软件龙头微信的用户数量了，可见它的知名度与受欢迎程度有多高。当然了，支付宝除了移动支付功能之外，通过不断的创新升级，推出了更多功能，其中的蚂蚁金服可以算是最为成功的一个了，旗下的蚂蚁花呗用户数量也是已经达到了1亿。

对于蚂蚁花呗，用户应该知道，蚂蚁花呗的额度多少与芝麻信用分是挂钩的，通常芝麻信用分越高，额度也就会越高。可是对于芝麻信用分，好像很多人对其都没有太大的关注，也没有注意分数的高低。然而，这芝麻信用其实就是一种第三方征信软件，而分数高低也就代表着个人的信用程度，对支付宝尤其是花呗用户的征信是有着一定影响的。

【信用场景】支付宝里的"信用服务"

打开支付宝，点击"芝麻信用"，如果你开通了该服务，就会显示你的芝麻信用分，点击"信用生活"，你就会看到你有多少个"信用服务"可使用，如图3-1所示。

第 3 章
寻信启示：信用到底和我们有什么关系

图 3-1　支付宝 APP

大家都知道信用分高是一件比较令人得意的事情，但很少有人知道，如何运用好信用，信用在生活中可以带来哪些好处呢。我们来看表 3-1 中的内容就知道了。

表 3-1　信用在生活中带来的好处

类别	信用价值体现	便利
衣	芝麻分 650 分以上的包月用户，在平台上租赁服饰不再需要缴纳 300 元的押金。	1. 免除押金。 2. 长期履约，提升信用分。 3. 逾期不还，账户扣款，评分降低。

食	1. 各大银行信用卡其中一个很重要的功能就是吃饭打折，满 200 元减 10 元、满 2000 元送代金券这类优惠已不算新鲜，一顿饭即可节省百元左右。 2. 一般每张信用卡每周能有 1 天打折，如果按人均持卡量 3 张计算，每周有 3 天吃饭可以打折，每周节省 300 元，平均一个月可以节省 1200 元。	1. 充分利用折扣省钱。 2. 信用卡由此形成的积分还能变现。
住	1. "信用住"芝麻分达到一定分数可以免押金、免查房、免排队； 2. 芝麻信用合作的短租民宿平台有 4 家，长租品牌有 3 家，提供的信用服务包括芝麻分 600 分以上免押金入住，长租还有房租月付、租金减免、福利搬家等信用福利。如果按照芝麻分满 600 分，长租房首月租金可以减 800 元，搬家可节省 200 元，在"住"这一环节，每月可以节省 1000 元。	1. 减少时间成本，就是赚了。 2. 用租房的押金做理财，也能有利息收益。
行	哈罗单车在全国展开免押金租车，参照其他收押金的单车，节省 199 元。	1. 押金用来投资。 2. 扫码骑车，方便，省时间。

【知识导读】信用的好处

除此之外，信用还能带来以下七大好处（见图 3-2）：

第 3 章
寻信启示：信用到底和我们有什么关系

图 3-2　信用带来的好处

一、贷款方便

例如，最高可借 30 万元，利率最低为 2%（年化 7.3%），现有蚂蚁借呗、招联金融"好期贷"、来分期等。

二、免押信用借还物品

拥有芝麻信用，可以免押金借用充电宝、书籍、衣服和雨伞，甚至还可以租手机使用，实在是居家必备的好助手。

三、共享单车免押金骑行

只要你的芝麻分达 650 以上，就可以享受免押金骑车，省去押金风险。你可以自由驾驶 ofo 小黄车、小蓝单车、永安公共自行车等。

四、卖手机可以先拿钱

只要信用良好，在卖二手手机、数码时，你有先拿钱、后回收的权利，也可以和"爱回收""回收宝"等七家回收机构进行合作。

五、免押金住宿

信用良好的用户可以免押金入住酒店、民宿和短租，基本上就是先住再付费了。不仅如此，住酒店时还能免去查房和排队的流程，可以说非常节省时间了。

043

六、生活缴费

水费、电费、燃气费、有线电视费、固话宽带费、物业费等都可以移动支付，而且有的是先用再付费。

七、扩大交友圈

还是单身的朋友可以充分利用自己的芝麻分，芝麻分可以帮助大家扩大交友圈。比如，大家可以在珍爱网、百合网、世纪佳缘等婚恋网站进行芝麻分认证，获得认证徽章。据了解，芝麻分高的朋友更易得到婚恋网的信任，还会得到平台的优先推荐权。

很多流行的市场应用都明确提出需要芝麻信用分等级，从侧面说明了良好信用具有极高的变现价值。信用等同于财富。

房贷车贷信用卡：信用照进现实生活

信用在当今社会的重要性越发突显，良好的信用评分可以为你节省不少的生活开支。所以万万不要忽视"信用"的重要性，想要提高信用值就要注重信用。

【信用场景】注重"信用"的小张，车贷审批很快

小张是一名兢兢业业的工薪族，每个月领着固定的工资。偶尔遇到钱不够花的时候，就会选择刷信用卡。小张很注重维护自己的信用，每次领到工资之后，就会立即把信用卡的欠款还清。

最近，小张有了一笔10万元的积蓄，考虑到上班交通不太方便，打算买一辆20万元左右的代步车。于是他向银行申请了"个人汽车贷款"业务，银行在查询了他的信用信息后，车贷款很快就被批了下来。

【信用场景】经常逾期的小王，车贷被拒

同样是工薪族的小王，则和小张完全相反。小王花起钱来大手大脚，平时工资不够花的时候就不断地刷信用卡和临时取现，拆东墙补西墙的他因还款不及时多次逾期。

看到朋友都买了车之后，小王的女朋友让他也去买一辆，平时没有积蓄的他去银行申请了车贷。银行在查询了他的信用信息后，立刻拒绝了小王的车贷申请，这让小王苦恼不已。

正所谓"花明天的钱，圆今天的梦"，车贷、房贷分期还款的形式在一定程度上减轻了不少年轻人的经济压力。但有很多人却因为自身信用意识的不足或侥幸心理，出现了不良信用记录，甚至被银行列入了黑名单。等到申请车贷、房贷时才追悔莫及。

所以，个人信用会直接影响着车贷、房贷的审批结果。

比如，上面信用场景中的小张，从办理第一张信用卡开始，就比较注重管理自己的信用，按时甚至提前还款，从不逾期。由于他积累了良好的信用记录，所以在贷款买车时审批很快。

事实上，在我这么多年的工作过程中，我经常向身边的朋友普及个人信用管理的相关知识，可是，总有小部分人不太认可我的想法，觉得我的说法有点言过其实。

【知识导读】信用不同，获得的贷款额度也会不同

很多人在看完上面的信用场景后，会说：是不是我与对方的收入、工作、岗位一样，我们就能获得一样的贷款额度呢？

其实不然，即使是同样条件的两个人，因为信用的不同，获得的贷款额度也会不同。总结起来，影响贷款额度的因素有以下三个方面。

一、个人信用报告中的贷款信息

如果你的信用报告上显示你有其他贷款，或者显示你的信用额度与收入不符，再或者你的信用卡欠款较多，那么基于"负债率过高"的风险考虑，银行也会拒绝你的房贷、车贷申请，或者给予小额度的贷款。

二、个人信用报告被查询次数

如果你的信用报告多次被不同的银行或者放贷机构查询，却显示你没有成功获得贷款，那么基于"财务状况不好"的风险考虑，你的房贷、车贷申请可能会被拒绝。

三、多次逾期

如果你的信用报告里显示你多次逾期，那么基于"信用不良"的风险考虑，你的房贷、车贷申请可能会被拒绝。

综上所述，信用基于房贷、车贷的关系，它就像你的"担保人"，银行见到信用好的人，不仅会立刻审批通过，而且利率也会下调。所以，房贷、车贷始于贷款，归于信用，请善待你的"信用"。

失信连坐：失信，谁在给谁买单

个人信用报告是个人信贷交易信息的记录单，是对客观事实的如实记录。严格来说，征信报告没有好坏之分，不同授信机构拿到你的征信报告后，会根据其借贷政策进行相应解读和评价，从而得出信用状况是否良好的结论。

客观来说，拥有贷款或信用卡且正常还款的信息、负债合理、遵纪守法等良好行为是为个人加分的信用表现，被评估为正面信息。个人有逾期、违约、欠税、行政处罚等行为，也就容易被评估为负面信息。

征信信用的核心表现是履约能力，也就是遵守约定的诚信指数。老话说：有借有还，再借不难；有借无还，再借免谈。日常信用卡申办卡过程中，经常会听到业务员问，你有其他银行卡吗？以卡办卡通过率99%（除非你的征信有问题）。银行对你的额度授信，20%来自你的"家底"，80%看的是你的履约能力。"家底"是评估你是否有还款能力，履约能力评估的是你的"人品"。

第 3 章
寻信启示：信用到底和我们有什么关系

【信用场景】父亲欠贷，儿子不予录用

2019 年 4 月，某失信被执行人郑某，其儿子被上海某国企拟录用为工作人员，国企资格审查时发现郑某是失信被执行人的记录，限制其儿子录用。后来郑某主动来到法院，还清了已拖欠 7 年的贷款，其儿子才得以顺利进入国企工作。

在过去，投机者一直以为这句话是说说而已，存在很多侥幸心理，大数据还没有完善，所以老赖现象屡禁不止。

但是现在，信用经济借助大数据互联网平台的飞速发展，对于个人信用的关注程度比以往任何时代都要强烈，守信者可以获取很多福利，提高生活质量，而失信者则要面对各个领域的限制和"封杀"，早已不是说说而已。

【知识导读】失信的后果

随着一系列政策的出台，失信人受到了越来越多的限制，下面列举几个生活中限制失信人的典型措施，如图 3-3 所示：

图 3-3 限制失信人措施

一、贷款无法办理，家庭连坐

失信人无法在银行、小额贷款公司等金融机构申请贷款。不仅贷款创业、资金周转成为泡影，连申请房贷、车贷都会被拒之门外。而且如果个人信用存在不良记录，日常消费想再办一张信用卡已经不可能了，因为各家银行都能查到你的征信记录。

个人信用记录除对自身影响外，也连带影响一个家庭。比如老公信用记录不良，那么老婆按揭贷款也会遭拒，整个家庭信用受到连坐影响。

二、限制乘坐动车、飞机

国家相关部门联合发布意见指出，在一定期限内适当限制特定严重失信人乘坐动车，在一定期限内适当限制特定严重失信人乘坐民用航空器。不仅如此，意见甚至细化到了具体行为。其中，行为责任人发生在动车上吸烟等4种行为，各铁路运输企业限制其购买车票，有效期为180天。

三、限制高档消费

28个部门联合发布合作备忘录指出，惩戒对象为失信被执行人及失信被执行人的法定代表人、主要负责人、实际控制人、影响债务履行的直接责任人员，对这些人限制其新建、扩建高档装修房屋，限制其购买非经营必需车辆，限制其入住高星级酒店等非生活和工作必需的消费行为。

四、招标投标受限

对于备忘录中的严重失信主体，有关部门将依法采取包括"限制参与工程建设项目招标投标""限制参与政府采购活动""限制参与土地使用权和矿业权出让""限制参与国有产权交易活动"等在内的38项联合惩戒措施。

五、国企、公务员录用受限

现在很多国企、公务员录用时，会审查个人信用记录，包括家庭信用记录。如果父母有信用污点，或成为法院失信被执行人，那么录用单位一般来说会拒绝录用其子女。

贷款、理财、投融资、创业、衣食住行等，信用到底和我们的生活有哪些联系？大家不难发现，信用如同一只无形的手，当你拥有良好信用记录的时候，这只手会潜移默化地帮助你，让你轻松得到财富；反之，这只手又会拦住你，让你左右为难。

Part 2 信用经济大课堂

Preditory Economy Classroom 1

Credit Economy
——**Establishing**
Credit System
to Create
Commercial Valu

第 4 章

生活中
常见的 2 种信用经济

在现代信用体系中，商业信用和银行信用是两种最基本的信用形式。企业之间在买卖商品的时候，以货币和商品形式提供信用，叫商业信用。最典型的就是赊销，比如商家让买方取走货物，而买方按照协议在规定日期付款或以分期付款形式付清货款。银行信用是伴随着资本银行而产生的，是在商业信用的基础上发展起来的一种间接信用。

信用经济
——建立信用体系创造商业价值

信用卡，根据信用，先享后付，"借出"的资金，享免息

国内大多数银行都提供信用卡分期付款业务，根据场合的不同，分期付款可分为商场（POS）分期、通过网络或邮寄等方式进行的"邮购分期"与账单分期。

信用卡分期付款是指持卡人使用信用卡进行大额消费时，由银行向商户一次性支付持卡人所购商品的消费资金，再让持卡人分期向银行还款并支付手续费的过程。银行会根据持卡人申请，将消费资金和手续费分期通过持卡人信用卡账户扣收，持卡人根据每个月入账的金额进行偿还。

从规模和使用范围来说，银行信用已经赶超商业信用，成为现在经济中最基本的信用形式。信用卡就是银行信用最直接的表现。

【信用场景】信用好坏，决定信用卡的下卡成功率

小王刚入职不久，就有银行客户经理上门来公司统一办理信用卡。办卡不但享受餐饮折扣、10元看电影，还有礼品赠送。小王一时好奇，在客户经理的协助下，顺利提交了一张信用卡的申请。

过了半个月，信用卡下来了，可小王看上去特别沮丧，原来他的信用卡额度才1000元，而同部门的小张，却有30000元的额度。小王又气又恼，忍不住打电话质问银行客户经理，在银行客户经理的耐心解释后，小王才知道是自己的信用度不够。

其实，我们在申请信用卡时，需要在银行填写信用卡申请表单，表单内容包含有：个人基本信息、学历、婚姻状况、有无子女、现有住房情况、工作单位及收入情况等。银行根据表单填写情况，提交至信用卡审批部门，核准校对。除正

常表单信息审核外，所有信用卡审批都需要查询个人信用报告。

图 4-1　信用卡

小王通过与银行客户经理的多次交涉才知晓，在查询个人信用报告过程中，小王因为大学时申请的助学贷款未及时还清，导致征信出现逾期的不良记录。按照银行的内部规定，小王的信用卡审批是无法通过的，但是考虑到其公司与该银行多年合作且关系较好，所以才核发 1000 元额度的信用卡。

而同部门的小张，因为其之前银行信用卡使用情况良好，且没有任何逾期记录，综合资质良好，所以银行给了小张比较高的信用卡额度。

【信用场景】好信用 + 好习惯，助力额度快速提升

小花是一家普通公司的普通职员，工作稳定，收入稳定。2018 年 3 月，招行业务员来公司帮同事办理信用卡，同事们纷纷填了表，小花想着工资卡是招行的，办一张可以提前透支，还款也方便，也填了表。将近半个月后，小花收到信用卡，卡额度是 1 万元。

拿到卡以后，小花向银行业务员请教了用卡方法。利用空余时间研究了卡的账单日、还款日、免息期时间、信用卡取现手续费、信用卡分期手续费等，并设定了还款提醒和每月刷卡限额。

小花从 2018 年 5 月开始用卡，秉持着能刷卡就不用现金的消费观念，酒店、饭店、机票等场所都用信用卡消费。到了 2018 年 8 月，小花打算购买家电，家电的总价共计 15000 元，于是小花申请了提升临时额度，又在还款日前还了提升的临时额度。她把可以分期的金额做了分期还款处理，然后在招行信用卡微信上做了提额测试，结果固定额度从 1 万元提到了 3.5 万元。

2018 年 12 月，小花公司发了奖金，小花又提升了临时额度，给家人置办年货、礼物，还了临时提升的额度，剩余资金做了分期处理。然后做了提额测试，结果额度从 3.5 万元提升到了 8 万元。

不到一年时间，小花信用卡额度从 1 万元提升到了 8 万元。

【知识导读】信用卡知识入门

信用卡其实是一种无抵押的短期消费信贷，银行会根据每个持卡人的还款能力和用款意愿，给予他们相应的信用额度，银行也会记录持卡人的卡片及用卡情况（见图 4-2）。随着时代的飞速发展，大部分人都格外重视自己的信用程度，一张良好的信用卡已经足以证明个人的信用度，不要小看个人信用，银行在审核房贷、车贷等贷款时都会检查你个人的信用度，可见信用在生活中的重要性。

打个比方：小 A 和小 C 一起去银行申请贷款，小 A 有长达 7 年的良好信用卡使用记录，小 C 的信用记录却空空如也，如果你是贷款审批人员，你更倾向于小 A 还是小 C 呢？相信大家心里都有了答案。

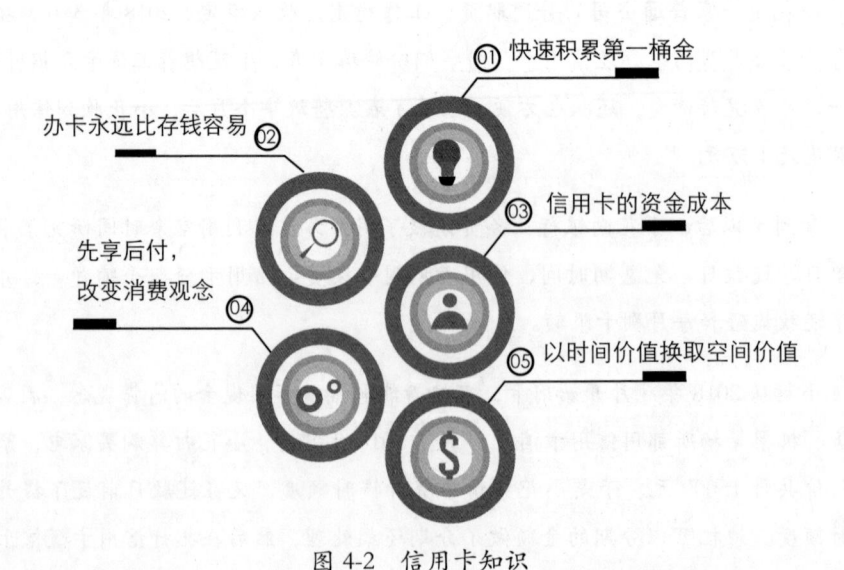

图 4-2　信用卡知识

一、让你跳过了资本原始积累阶段，快速积累第一桶金

倘若你只有 10 万元存款，那么不管你怎么理财，不管你理财的回报如何，都不会改变你清贫的现状（见表 4-1）。

如果你 25 岁的时候，就有 100 万元可支配资金。那么你到了 45 岁，哪怕是最简单的理财，你的资产增值也是成倍增长。

表 4-1 不同起点，同样的复合回报率，财富的增值情况

阶段	初始资金（万元）	复合回报率	10 年后资金(万元)	情景
25 岁	10	7%	20.04	努力工作或啃老存款
25 岁	100	7%	200.42	掌握信用资本积累
35 岁	20.04	7%	40.17	正常理财
35 岁	200.42	7%	401.69	正常理财
45 岁	40.17	7%	80.51	正常理财
45 岁	401.69	7%	805.09	正常理财

可见，你有更高的起点，才会有更高的终点。

二、办卡永远比存钱容易

信用卡就是让你 25 岁拥有 100 万元本金，虽然这个力量是虚的，是用幻术和技巧支撑的，但你的确通过自己的信用，有了 100 万元可支配的现金。

三、信用卡的资金成本

委婉一点，叫个人信用卡取现；再委婉一点，叫个人信用融资服务，它和贷款是一个性质。

信用卡综合年化成本在5%～8%左右；银行贷款普遍年化成本在8～12%左右；现金贷消费贷等业务年化高达100%，国家管控后，也只能控制到36%。

相比其他的融资服务渠道，信用卡对真正需求资金的用户来说，使用是最便捷的，收费也是相对较低的。

四、先享后付，提前消费观念在改变

在中国的房地产界和银行界中，广为传播着一个这样的故事：一个中国老太太，60岁时终于挣够了钱买了一套房子。今天很多的"外漂一族"，也在深深感慨，在外租房，交完房租后工资所剩无几。当下的房地产行业的热潮，也正是因为越来越多的年轻人意识到借用房贷的力量，可以让自己早点摆脱租房的状态，在这个城市早点安身立命。

五、以时间价值换取空间价值

"万元户"这个词，在我小的时候经常会听到父辈说起，那是一种仰望。"百万富翁"是我们这辈懂事开始的仰望。而现在，城市里随随便便一套房子便是几十万上百万，一线城市房产上千万也不稀奇。

不敢想象当年的"万元户""百万富翁"，若是在一线城市买下房产，真的是可以造福三代。时间、财富、投资理财思维都是有价值的，如果能把三者运用好，现在开始，也能造福三代。

贷款，根据场景和信用，先享后付"借出"的资金，需付息

贷款是银行或其他金融机构按一定利率和必须归还等条件出借货币资金的一种信用活动形式。广义的贷款是指贷款、贴现、透支等出贷资金的总称。银行通过贷款的方式将货币资金投放出去，可以满足社会扩大再生产对补充资金的需要，促进经济的发展，同时，银行也可以由此取得贷款利息收入，增加银行自身的积累。简单来说，贷款就是需要支付利息的借钱。

【信用场景】房贷 200 万元，30 年近 86 万元利息差

小张 2017 年在北京某地跑楼盘时，从当地多家银行和房地产中介获悉，北京地区首套房贷预期年化利率主打八五折。贷款预期年化利率折扣的变化，让不少老业主不淡定了。

据小张描述，现场一位女士咨询了房贷预期年化利率折扣变化的情况，她说："我的贷款批下来没多久，已经过户了，但是还没放款，批贷时银行的折扣最低是八八折，这个月银行最低折扣降为八五折了。"

后来由于差距不大，这位女士说"亏得不多，就算了"。

不过，有一位老业主却做不到这样淡定。因为一年前贷款收紧，首套房主流房贷预期年化利率为基准预期年化利率上浮 10%。

老业主说："去年年底买房时，正好碰上房贷额度紧张，尽管是首套房，但是贷款预期年化利率也是按照基准预期年化利率上浮 10% 批贷的，加上自己征信不注意，有过 2 次严重逾期，房贷银行在上浮 10% 的基础上，还给加了 10%。但如今申请住房贷款，直接就八五折了，这对我们这些老客户来说太不公平。"

看完这个事件,我们可以对申请商贷购房的客户算一笔账(见图4-3)。

图 4-3　同样贷款 200 万元、30 年等额本息还款的不同结果

按照目前基准预期年化利率的 8 折(3.92%)计算,每月月供为 9456.29 元;利息总额为 1404266.07 元。

而按照基准预期年化利率上浮 20%(5.88%)计算,每月月供为 11837.15 元,利息总额为 2261372.98 元。

与前面八折的普遍预期年化利率优惠每月相差 2380.86 元,支付的总利息相差 857106.91 元。

可见房贷利率的差异,总账差得还真不是一星半点,如果是你,你会觉得无所谓吗?

第4章
生活中常见的2种信用经济

【信用场景】1成首付，弹个车

提起弹个车的广告，最让人印象深刻的，莫过于此广告画风清奇又魔性洗脑，实在是不走寻常路。

弹个车是大搜车于2016年11月推出的汽车金融租赁产品，为消费者提供"1成首付，先用后买"的弹性购车方案。从2013年至2019年，大搜车获得了蚂蚁金服、春华资本、阿里巴巴、美国华平投资集团、招银国际、晨兴资本、源渡创投等多个实力雄厚的资方融资。

弹个车工作人员表示，弹个车用户可以在5分钟内完成征信审批。如果说传统购车贷款需要打印流水账单等各种证明，还需花费数日的等待才能提车，那么如今在支付宝蚂蚁金服的支持下，弹个车的购车流程直接简单化，用户不用上交烦琐的征信材料，直接通过弹个车购车就能在5分钟内完成在线审批，直接省略了中间步骤，给用户节省了不少时间。

这种简易操作很快受到不少年轻人的青睐。弹个车首创的"1成首付，先用后买"的信用购车方案，不但方便消费者自由选择车型，更能随时让消费者低首付就能提走新车。弹个车能按支付宝信用生成相应的方案，可以说是非常高科技化了。用户在一年后，还能选择全款或分期的灵活用车模式。如果消费者选择分期用车方式，每月车贷可以直接通过支付宝扣除，很是便捷。

【知识导读】贷款知识入门

贷款是银行或其他金融机构按一定利率和必须归还等条件出借货币资金的一种信用活动形式。银行也可以由此取得贷款利息收入，增加银行自身的积累。

一、贷款

贷款按照不同的渠道大致可分为三类（见图4-4）。

```
        ┌──── 传统贷款
贷款 ────┼──── 网上贷款
        └──── 手机移动贷款
```

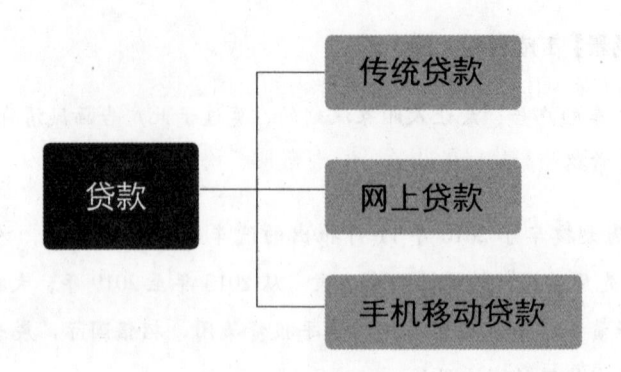

图 4-4　贷款的分类

1. 传统贷款

传统贷款也叫线下贷款，是指在银行提交贷款申请。

2. 网上贷款

网上贷款也叫在线贷款，是指在网上提交贷款申请，即 P2P 金融贷款。P2P 的建立就是为筹资者和投资者而生。跟传统的贷款相比，互联网金融可以避免坏账、跑路、非法集资等风险，而且互联网金融没有固定的投资群体，可以有效地解决平台运营安全性，有利于投资人的利益得到保障。

3. 手机移动贷款

手机移动贷款指通过手机贷 APP 提交贷款申请，随时随地、灵活便捷。

当下，申请个人贷款提前消费渐渐成为人们喜爱的生活方式。个人贷款不但可以缓解工薪族的工作压力和生活压力，还能用于个人创业。近几年，银行也在不断扩展个人贷款业务，向外推出了一系列全面快捷的个人贷款服务，如个人汽车贷款、个人旅游贷款、个人消费贷款等。

二、申请个人贷款需要符合的条件

那么，各种类型的个贷业务，都要符合哪些条件呢？一般情况下，申请个人贷款需要符合以下这些条件。

1. 在贷款银行所在地有固定住所，有常住户口或有效居住证明，年龄在 65 周岁（含）以下，具有完全民事行为能力的中国公民；

2. 有正当职业和稳定的收入，具有按期偿还贷款本息的能力；

3. 具有良好的信用记录和还款意愿，无不良信用记录；

4. 能提供银行认可的合法、有效、可靠的担保；

5. 有明确的贷款用途，且贷款用途符合相关规定；

6. 银行规定的其他条件。

通常情况下，对于个人信用贷款、个人综合消费贷款这类的贷款类型来说，申请贷款的条件主要取决于你在银行的信用度，如果你的信用度高，银行给你的贷款的金额也会较高，反之亦然。当申请人在申请贷款时，需要尽可能提交一些可以增加你的信用度的材料，如收入证明、学历证书、工作单位等。你的信用度越高，银行给予你的贷款金额越大。

三、利率的概念

1. 利率

利率是指一定期限内利息与贷款资金总额的比率，是贷款价格的表达形式。即：利率 = 利息额 / 贷款本金。

利率分为日利率、月利率、年度利率。贷款人依据各国相关法规所公布的基准利率、利率浮动空间，而与该贷款银行确定贷款利率。

2. 基准利率

基准利率是金融市场中具有普遍参照作用的利率，其他利率水平或金融资产价格都可以按照这一基准利率水平来确定。基准利率是利率市场化的重要前提之一，在利率市场化条件下，融资者衡量融资成本，投资者计算投资收益，以及管理层对宏观经济的调控。

客观上都要求有一个普遍公认的基准利率水平做参考。从某种意义上来说，基准利率是利率市场化机制形成的核心。打个比方，就是你在银行存钱，银行会给你利息。基准利率越大，利息就越多，反之亦然。

四、如何获得最低银行贷款利率

如何获得最低银行贷款利率呢？不妨看看以下方法。

1. 选择利率最低的银行申请贷款

央行虽出台了基准利率，但所有的银行的利率都会在基准利率上进行上浮，每个银行具体上浮情况都不一样。所以想要取得最低银行贷款利率，就一定要"贷比三家"，最后选择利率最低的银行。

2. 注意个人征信，保持良好的征信

银行会通过电脑取得个人的征信、收入、工作等信息，以此来计算出个人贷款利率，在一般情况下，我们一定要保持良好的征信，做到按时还信用卡，避免逾期的情况发生。

五、还款的方式

还款分为以下6种方式（见图4-5）。

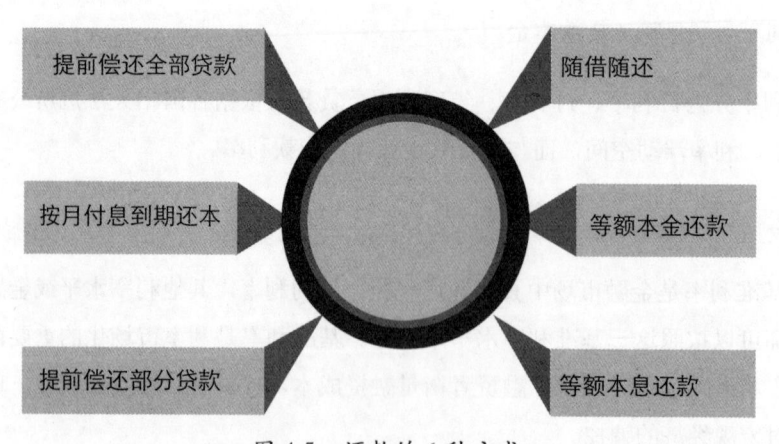

图4-5 还款的6种方式

1. 提前偿还全部贷款

借款人向银行提出申请，可以提前偿还全部贷款金额，偿还后贷款银行会终止借款人的贷款，并办理相应的解除手续。

2. 按月付息到期还本

借款人在贷款到期日一次性归还贷款本金【期限一年以下（含一年）贷款适用】，贷款按日计息，利息按月归还。

3. 提前偿还部分贷款

借款人向银行提出申请，可以提前偿还部分贷款金额，一般金额为1万或1万的整数倍，偿还后此时贷款银行会出具新的还款计划书，其中还款金额与还款年限是发生变化的，但还款方式是不变的，且新的还款年限不得超过原贷款年限。

4. 随借随还

借款后利息是按天计算的，用一天算一天息。随时都可以一次性结清款项，无须违约金。

5. 等额本金还款

借款人将贷款额平均分摊到整个还款期内每期（月）归还，同时付清上一交易日到本次还款日间的贷款利息的一种还款方式。这种方式每月的还款额逐月减少。

6. 等额本息还款

贷款的本金和利息之和采用按月等额还款的一种方式。多数银行的商业性个人住房贷款和住房公积金贷款都采用了这种方式。这种方式每月的还款额相同。

六、贷款中需要注意的地方

贷款是一项需要支付利息的先享后付金融借款，因此，我们在贷款中有哪些方面需要注意呢？

1. 选择适合自己的还款方式

有等额本金还款方式和等额还款方式两种，一旦在合同中注明还款方式，整个借款期间都不能再进行更改。

2. 为了避免影响征信或罚息，每个月按时还款

从贷款发起的次月开始，次月的放款时间就是还款日，不要因为一时大意就酿成违约罚息的后果，导致再向银行申请贷款时被拒。

3. 贷款要量力而行

申请贷款时，借款人要根据贷款利率，正视自己的还款能力和经济实力，做出实际考量。按照自己的收入水平制订还款计划，不要因此打乱正常的生活轨迹。

4. 了解自己的权利和义务

一定要保管好自己的借据、合同，更要明确合同中的条款，对自己的权利和义务了如指掌。

第 5 章

申卡有道，
用卡有方

在美国，信用卡被誉为"金融市场的工业革命"。这里说的主要是信用卡的"电子支付"，使买方、卖方和交易时间都有记录可查。这是人类历史上第一次脱离了现金交易，进入电子化的时代。而所谓的"金融业的工业革命"引来了大数据分析，其中潜藏着无比巨大的市场。

不可小觑的力量：信用卡申卡有道

讲信用卡入门知识的时候，我再三强调了信用卡的战略意义，即：让你跳过资本原始积累阶段。办卡比存钱容易得多。今天的 1 块钱肯定比明天的 1 块钱要值钱，从现在开始培养"资金的时间价值"观念，必然是有利无害的。

【申卡有道】信用卡申卡常识

银行在受理信用卡申请材料时，会通过自有评分系统，综合评估每位申请人的评分，给予最终的审批结果和额度。所以，如果你想申请信用卡，就得在信用卡申请表上做足功课。一份好的信用卡申请可以保证你顺利申请到信用卡。那么，怎么填信用卡申请表呢？

一、信用卡申请表有哪些内容，如何填写信用卡申请表

信用卡申请表的基本信息栏包含性别、年龄、学历、婚姻状况。

1. 年龄

比如：18 到 21 周岁是 -5 分；22 到 23 周岁是 -1 分；24 到 26 周岁是 3 分；27 到 30 周岁是 17 分；31 到 40 周岁是 20 分；41 到 50 周岁是 14 分；50 周岁以上是 12 分。

2. 性别

银行评分系统中，女性比男性评分更高，同等条件下，女性比男性更容易申请到卡，而且女性的额度普遍要比男性更高。

3. 婚姻状况

已婚已育＞已婚未育＞未婚。已婚已育评分最高，未婚评分最低。因为银行认为已婚已育人士更稳定，且风险系数也会相对较低。对于 30 岁以上的单身人士，银行会认为不靠谱，建议申卡时多准备资产证明文件（房 / 车 / 银行存款等）。

4. 学历

大学本科及以上＞大专＞高中＞初中及以下，很多银行客户经理上门办卡，首先会问你的学历程度，基本上大专及以上学历还是比较容易申请的。

二、资产信息

资产信息包含工资、存款、住房、担保、车辆、理财、保险、贷款等（见图 5-1）。

图 5-1　资产信息

1. 住房

自有住宅无贷款＞自有住宅有贷款＞单位福利房＞租房。

比如短期租房是 0 分，长期租房是 2 分，单位福利房是 4 分，自有房贷款是 10 分，自有房无贷款是 16 分，房产价值低于 100 万元是 18 分，房产价值高于 100 万元是 24 分。

2. 车辆

当你没有其他证明材料申请过关的名额时，客户经理会问你名下有无房产，有无代步车，特别是银行高端级别的卡，房产证和行驶证的权重非常大，下卡成功率和额度都会令人满意。

3. 存款

有六个月的结息能加 12 分，有存定期一年以上的则能加 24 分。

4. 工资

此项针对代发工资项，有加分。

5. 理财

举例：没有理财是 0 分，5 万元中长期 5 分，10 万元中长期 10 分，100 万元以上中长期 20 分，理财是加分项，特别是申卡不成功再次申请和申请大额卡。

6. 保险

申请过平安银行信用卡的客户应该是感知比较强烈。当你在平安银行有两年以上缴纳保险的记录时，不管你申卡还是贷款都比较容易，额度也比较可观。

7. 贷款

房贷、车贷是加分项。其他消费贷、网贷等，都是减分项，甚至直接拒批。

8. 担保

担保是负债，而且是高风险负债，评估分值的时候是减分项。

三、工作信息

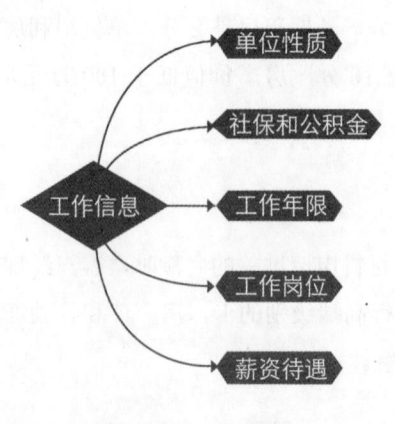

工作信息
- 单位性质
- 社保和公积金
- 工作年限
- 工作岗位
- 薪资待遇

图 5-2　工作信息

1. 单位性质

公务员/事业单位/国企＞500强企业＞中小企业＞其他。

2. 社保和公积金

公积金＞社保＞无。国有银行对有公积金和社保的申请人特别青睐。商业银行感知不那么强烈。

3. 工作年限

举例：6个月到1年为3分；1～3年为13分；3～5年为16分；5年以上为21分。评估工作的稳定性。

4. 工作岗位

举例：技术岗＞行政助理岗/运营岗＞销售岗

5. 薪资待遇

举例：年收入3万以下为2分，3万～5万为8分，5万～10万为10分，10万～50万为12分，50万及以上16分。

四、信用信息

1. 白户

征信白户，从来没有申请过任何借贷记录 -2 分。

2. 有过逾期

有过3天内逾期记录是 -6 分；有担保记录是 -4 分。

3. 良好的征信

车贷2分，房贷10分，征信良好18分。

以上评分内容分析供参考，申请人可对照填写申请，优化个人申请信息。如果不注意细节，胡乱填写，不但影响正常的下卡审批，也会对个人征信信息产生不好的影响。上述评分机制不适用所有银行，具体请以各银行内部评分系统为准。

【申卡有道】信用卡申卡技巧

对于未办理过信用卡的人来说，申请信用卡是一件很困难的事，其实你只要掌握了几个申卡技巧，就会发现这实在是小事一桩。

一、信用卡申卡技巧

1. 不要短期频繁申请信用卡和贷款

短期内频繁申请信用卡和贷款，在征信报告上会显示查询次数过于频繁，给银行的印象是申请人非常缺钱，风险系数较高，会直接导致银行降额批卡或拒绝批卡。为了避免这类情况发生，建议申卡人在申卡环节，有计划地申请，月申请不超过2张，3个月不超过6张。

2. 慎重选择申卡渠道

信用卡申请很容易，尤其是网上申请，可谓数不胜数。互联网万物互联时代，这几年银行也积极与各大互联网平台强强联合，开通了很多网上申卡、扫码办卡渠道。虽然网上申请渠道比较便利，下卡速度快，但是在网上鉴别申请人相应的财力资料是有局限的。

举个例子：你有3本房产证，2辆车，年入百万，但是通过网上申请，这些证明材料很难被合理地纳入评分系统。以现阶段实操经验看，各银行针对网上申请的评分模型比较单一，做不到个性化评估。

申卡渠道大致分为5类，最有力量的申请方式是银行主动邀请办理。其次依次为：客户经理上门办理、个人带资料网点申请、网上申请和临时摊点申请。

3. 避免过度使用信用卡

信用卡过度使用，银行会认为你很缺钱，甚至会认为你是套现客户，存在风险，审批时会酌情降额批卡，也可能直接拒绝发卡。合理使用信用卡，保持信用卡的良性消费，会有利于后续银行其他业务发生。

4. 不要保留太多低额度的卡

5. 不要碰小贷和网贷

6. 注意信用卡申卡顺序

7. 征信逾期，如何申卡

8. 通过靠谱的渠道申请

二、申卡被拒理由

申卡被拒理由：
- 无固定工作
- 逾期
- 小额贷款记录
- 授信额度和负债率过高
- 综合评分不足
- 持卡行数过多
- 电话回访很重要
- 在临近还贷期办卡
- 其他被拒原因

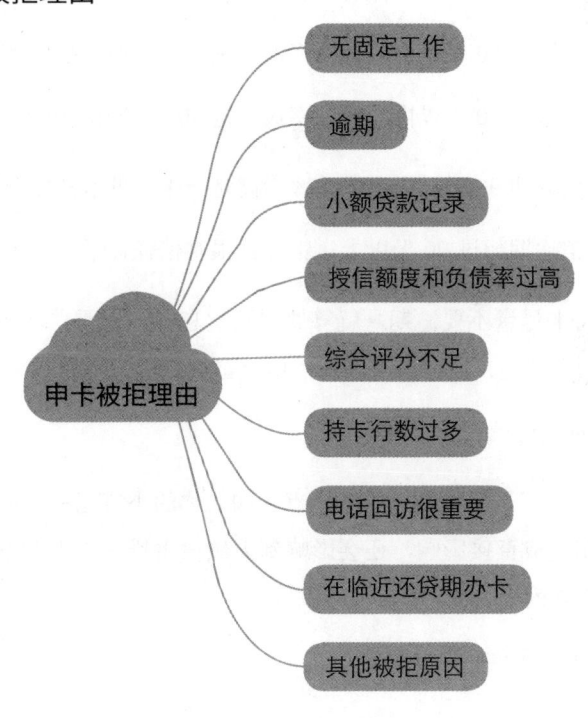

图 5-3　申卡被拒理由

1. 首要因素：有无固定工作

银行要求申卡人有稳定的收入来源和固定的工作，这样才能保证申卡人有还款的能力，银行才能放心发卡。所以自由职业者、小微企业主、淘宝店主、家庭主妇等人群很难办到卡。

而有些职业本身不太受银行欢迎，也会被列入拒批名单，其中就包括销售类人士、高危职业、部分公务人士、特殊企业员工、服务业人士等。

总之，稳定压倒一切，没有显示出固定的还款来源，你认为你自己再有钱再优质都没用。

2. 逾期

一般来说，逾期程度高低，对申卡的影响是这样的：

（1）征信逾期 7 天内，有点影响。

（2）征信逾期 30 天以内，成功率最高是 60%，批卡额度会调低 30% 左右。

（3）征信逾期 60 天以内，成功率最高是 40%，批卡额度会调低 50% 左右。

（4）征信逾期 90 天以内，成功率最高是一半，批卡额度会调低 80% 左右。

（5）征信逾期超过 90 天以上，银行就很难信任你了。

所以信用卡尽量不要逾期，就算偶尔几次忘了，也要立马还上并跟客服说明原委，切勿听之任之，给自己未来的信用财富规划带来不利影响。

3. 小额贷款记录

小额贷款一直是银行办卡的敏感点，如果你的小贷记录过多，将会给你后期按揭买房买车造成直接影响，还会影响到大额信用贷款，千万不要为了贪图蝇头小利把自己陷入困境。

4. 授信额度和负债率过高

曾经，有一个拥有多张信用卡的申请人向我求助，说是在申请新卡时，银行认为他授信额度太高，就委婉拒绝了他。其实，银行为了控制风险，会结合你个人的信用状况、资产状况等方面进行综合考虑，给你定一个上限，普通人是 50 万～60 万。

这 4 种方法可以降低授信额度，它们分别是：降低负债率、降低额度、销卡、适当办理账单分期。

关于负债率过高，如果你近 6 个月，信用卡平均最大使用额度都超过信用卡额度的 70% 以上，甚至张张卡都处于刷爆状态，也容易被银行拒绝。这就是常说的"负债率"过高。

5. 综合评分不足

这是现在被拒的最常见原因。银行对客户的每项情况进行评定后得出的总评分值又叫"个人综合评分"，其评分项目包含：职业、经济能力、个人信用度、家庭和事业状况、年龄等，每一项评分都要按相应的标准进行，最后汇总得出结果。

6. 持卡银行数量过多

如果拥有超过六家银行的信用卡，那你被拒的可能性极高，所以存在"申卡顺序"的说法。但如果你资质够好，也可以不受总的持卡银行数量约束。

7. 电话回访很重要

如果你网上的申请已通过初审，银行会给申请人打电话回访，核实你的信息是否准确。这个过程是为了核实你申卡资料是否属实。一定要注意保持电话的畅通，并在近期内不要更换手机号，单位电话最为有效。

8. 在临近还贷期办卡

如果你名下有一笔大额贷款，还款日为每个月的 15 日，再加上你名下的信用卡张张都接近于刷爆状态，那么如果你在 15 日前的这几天办卡，也有可能会被拒批。

9. 其他被拒常见原因

除了上述的八大原因，年龄、申请人所在地、注册资金不达标的个体户或者小企业主、申请渠道也是常见被拒原因。

【申卡有道】正确的申卡顺序

很多人都不重视申请信用卡的顺序，导致最后产生不少烦恼。其实，用正确的申卡顺序，可以帮你少走弯路。

申卡顺序应遵循的三个原则

图 5-4　申卡顺序应遵循的三个原则

1. 优先申请跟自己有财务往来的银行

（1）开立了公司结算账户和一般账户的银行。

（2）代发工资的银行。

（3）做了某个银行的房贷，就是银行的 VIP 客户了。

（4）在心仪银行开大额储蓄卡或者买理财产品。

2. 按银行性质和规模排序申请

资质比较好的，首卡建议优先申请四大国有银行，其次股份制商业银行和外资银行，最后是城市商业银行。要优先申请规模大的银行，否则大银行知道你有无数小银行的卡，将会直接拒绝给你下卡。大银行非常在乎信用卡的行数，这个参数影响的是综合评分。从实操的经验总结来看，我们可以参考以下办卡顺序（见表 5-1）。

表 5-1　申卡顺序

首卡	资产集中银行、发薪银行、房贷车贷银行
第一批	建设银行、招商银行、广发银行、花旗银行、农业银行、渣打银行
第二批	华夏银行、兴业银行、上海银行、光大银行、温州银行
第三批	交通银行、平安银行、中信银行、邮储银行、工商银行、南京银行
第四批	浦发银行、民生银行、汇丰银行、浙商银行、北京银行
第五批	其他城市商业银行、农商行

3. 容易提额的银行优先申请

上面的表格已经将容易提额的银行按顺序融入其中，这里我们再细化一下各大银行提额时间表，供大家参考（见表5-2）。

表 5-2　各大银行提额时间表

三个月可提额银行	招商、平安、工商银行（招商再次提额随时，工行、平安三个月后可再提）
六个月可提额银行	兴业、建设、广发、光大银行（再次提额一般为六个月后）
十二个月可提额银行	中国银行

每家银行对提额的规章都不一样。所以我们应该把精力放在申卡上，申卡时刚开始的额度会很高，后面的提额工作量会减轻不少。要注意的是，适合自己的申卡顺序才是最好的。要从自己的实际情况考量，才能迅速提高信用卡总额度。

【申卡有道】科学的配卡清单

之前我们提到，要获得100万元的额度，需要申请数十张信用卡。那么多卡片，该如何配置呢？

如何配置信用卡

1. 科学配置卡片，大前提是持卡数量

在做科学配置之前，你得先有大量的信用卡可以做规划。一开始申卡，可以选择一些普卡或者金卡，不要一上来就追求白金卡，而要跟自己设定的目标挂钩。比如我根据自己的征信以及综合评分的预估，先把自己的授信目标设定在 100 万元。那么如何实现呢？

拆解一下，普通白金卡都是以 5 万元额度起步，想要达到 10 万元额度则需要 15～20 张卡才能办到。所以，初期设定的目标就是完成 15 家银行卡，再优化升级卡种提高额度。也许这个流程较慢，但只要你不放弃，就一定得以实现。

2. 科学配置卡片，要看你的玩卡取向是哪个流派

信用卡有三大流派：积分流派、权益流派和额度流派。下一节信用卡常识部分会详细讲解。

如果你是额度流派，那你不必考虑如何进行科学配置了，额度说明了一切。

如果你是积分流派和权益流派，则要按使用场景来进行科学配置了。

信用卡的使用场景其实是消费场景。常见的消费场景可以分为四种，分别是：境外线下、境外线上、国内线下和国内线上。不同的消费场景适用的信用卡都不一样。如果你在某个场景的消费空间不大，那你就没必要专门为了这个需求办张信用卡。

根据消费场景科学配置的原则是：境内消费回馈首先看积分价值，然后再看现金返现价值，境外消费则直接看现金返现，不看积分。

为什么呢？因为现在国内没有线下"无脑刷"的情况发生，但如果用里程来计算，消费 10 元积累 1 里程很常见。所以里程卡更划算。至于多倍积分的信用卡，我认为酒店类和百货类的多倍积分非常实用，而餐饮类多倍积分就不划算了。

3. 积分流派科学配置指南

（1）国内线下

中信易卡白金卡 + 20 万元银行资产：2.78 元 / 1 里程（首年 480 元年费，次年起 6 万分兑换年费）；

广发南航 / 国航 / 东航白金卡：3.5 元 / 1 里程（酒店、机票、旅行社），7 元 / 1 里程（其他类），每年 2500 元年费；

浦发美运超白金：6.67 元 / 1 里程（首年 10000 元年费消费 60 万元免除，次年 60 万积分免除）；

浦发美运白金卡：8 元 / 1 里程（首年免年费，次年 20 万积分兑换年费）；

兴业行卡悠系列：10 元 /1 里程（每年 900 元年费）；

交行沃尔玛卡：最大化情况下，100 元 /0.9275 元沃尔玛卡；

招行 CarCard+ 招行经典白金卡：10 元 /1 里程（亚万为 12 元 /1 里程，每年 1 万积分兑换年费）；

中信 i 白金 + 中信美运白金卡：12.5 元 /1 里程。

如果正好有配置理财资产的需求，那么中信易卡无疑是最好选择。除此之外，里程兑换比例较好的信用卡基本上都属于高端卡，或者刚性年费，或者每年要用许多积分来兑换权益。

（2）国内线上消费

如果每月线下消费低于 1000 元，或者常见线下刷卡场景已经全面支持支付宝 / 微信支付，基本网付为主，建议参考表 5-3。

表 5-3 部分银行网付积分规则汇总表 (2019)

银行	支付宝	微信	京东	云闪付	百度	苏宁
工商银行	√	√				
	除联名卡外，2019 年 12 月 31 日前有积分					
中国银行	√	√	√	√		
	支付宝/微信/京东/唯品会 5 倍积分，每月上限 5 万分。每周五 10 点领取权益，活动有效期至 2019 年 12 月 31 日前					
建设银行		√	√			√
	2019 年 12 月 31 日前，微信上限 1 万分					
农业银行		√		√		√
	微信首绑 10 倍积分，按卡送分，每期需领权益券，上限 10 万分；漂亮妈妈卡（白金）微信双倍积分，每月上限 1 万					
交通银行	√	√		√		
	2019 年 12 月 31 日前，除超市、联名卡外支付宝、财付通有分，交行云闪付扫码无分、手机 Pay 有分					
邮储银行	√	√				
	注：邮储青春卡、小熊卡线上有两倍积分					
招商银行	√	√	√			
	招商刷京东（不跳特约商户）有积分；微信有积分需领券（掌上生活→卡金额→微信领积分）					
中信银行	√	√	√			
	支付宝/微信/网付卡交易有 2 倍积分，最高每个自然月领 1 万分					
浦发银行	√	√	√			
	5 倍积分：普通卡支付宝/微信/京东三选二；高端卡支付宝/微信上限每类 5 万分，需购买权益					
民生银行	√	√				
	微信/支付宝 5 倍积分，需报名，积分可以抵扣精英白年费					
广发银行	√	√				√
	支付宝/微信，每年上限 10 万元交易积分					
光大银行	√	√				
	2019 年 1 月 15 日~2019 年 10 月 31 日一倍积分；2019 年 11 月 1 日~2019 年 12 月 31 日两倍积分					
平安银行	√	√				
	淘宝卡/爱奇艺卡有支付宝积分，爱奇艺卡微信支付有积分					
兴业银行	√	√				
	每月发送 CCKJ 至 95561 报名，自然月最多 1 万分					

续表

银行							
汇丰银行	√	√	√	√		√	
	网络支付两倍积分（无基础积分），每月上限2万积分						
渣打银行	√	√		√			
	每周五微信/支付宝/银联在线消费5%返现，需报名						
花旗银行			√	√			√
	支付宝两倍积分						
上海银行				√	√		
	淘宝卡支付有积分						
北京银行				√	√		
	标准白金/丝绸之路卡支付宝/微信/京东有积分，每月1万分						
上海农商					√		
	淘宝鑫卡有积分，500积分=100个集分宝=1元；白金鑫卡线上/线下餐饮娱乐宾馆消费两倍积分						
华夏银行	√				√		
东亚银行		√	√		√		

（3）境外线下和线上

境外线上和线下经常做返现活动。目前 Visa 和 MasterCard 两家卡组织都在努力砸钱，使大家习惯境外刷他们两家的信用卡。因此，每隔两个月就有促销活动，看着银行的活动力度来办卡吧。

4. 权益流派科学配置指南

如果是权益流派，你就得特别关注各大信用卡权益（见表5-4和表5-5）。免费的旅行虽然美好，可天下坐享其成的事情，基本上能看到的权益都需要信用卡中心花钱来购买。

所以在选择权益时，一定要看重这两点：

（1）不为相同的权益重复花钱；

（2）不为自己用不到的权益花钱。比如酒店住宿权益、机场接送、机场贵宾等等，它们的单价较高，且每项都伴随年费。所以提前了解自己的刚需，再去办信用卡也不迟。

表 5-4 部分银行境内外接送机权益汇总表

银行	卡种	权益次数	年费
工商银行	大白金（香格里拉等）	去年消费达标送龙腾点兑换，每天10点/14点抢兑	2000元/年，首年免年费，20万消费或16万积分抵扣次年年费
	环球PLUS	送10点龙腾，需抢兑	1000元/年，刚性年费
中国银行	长城美国运通私人信用卡	6次境内	8800元/年，80万积分或480尊享积分或240尊享积分+40万交易积分可兑换年费
邮储银行	鼎致白	2次境内/自然年	2600元/年，下卡3个月内累计消费5.8万免首年年费，次年可用20万积分抵扣
建设银行	尊享白金卡（大山白）	3次接送机	1800元/年，核卡即收，2019年12月31日之前，40万积分可抵扣首年年费，次年年费40万积分抵扣
	钻石卡	3次境内	4800元/年，刚性年费
	至尊卡	3次境内	12000元/年，刚性年费
	家庭挚爱	3次境内	580元/年，刚性年费
平安银行	钻石卡	3次境内+6次境外	10000元/年，刚性年费
	运通百夫长白金卡	6次境外	6000元/年，刚性年费
	标准白金卡-大白金	6次境内	2800元/年，首年刚性年费；消费30万免次年，可网申
	精英白金卡/爱奇艺白	6次境内，66元/次	600元/首年，满12万免次年年费
光大银行	阳光商旅白/阳光白/凯撒白/航旅纵横/福白金/航班出行尊享白等	2次境内/账单年	1188元/年，新用户白金首年可免688元（老用户首年可用10万积分抵688年费），次年20万积分抵扣

续表

银行	卡种	权益	年费
浦发银行	美运白金卡（AE白）	5次境内	3600元/年，高端卡首张免年费，20万积分抵扣次年年费
	无价世界之极卡	4次境内+4次境外	10000元/年，高端卡首张免年费，60万积分抵扣次年年费
	美运超白金卡	8次境内+4次境外	10000元/年，高端卡首张免年费，60万积分抵扣次年年费
兴业银行	行卡白金悠系列	4次境内+2次境外/自然年	900元/年，刚性年费
	行卡标准白	8次境内+4次境外/自然年	2600元/年，刚性年费
	兴享白金	2次境内/自然年	2600元/年，刚性年费
	东航/南航标准白金卡	8次境内/自然年	2600元/年，刚性年费
	厦航/吉祥行标准白	4次境内/自然年	2600元/年，刚性年费
北京银行	尊尚白金豪华白	6次境内	2000元/年，首年刚性年费，20万积分抵扣次年年费
	尊尚白金标准白	3次境内	600元/年，首年刚性年费，6万积分抵扣次年年费
	寰宇白金卡	2次境内	免年费，下卡30日内消费任意金额，获首年年费，年度内2次机场接送服务
	乐驾白金卡	12次境内	800元/年，首年刚性年费，10万积分可抵次年年费
渣打银行	臻程白金卡	4次境内，可接送高铁	2500元/年，办理可免首年年费，消费15万免次年。
上海银行	银联钻石卡	无限次，每个城市限用2次	3600元/年，刚性年费
	VISA极致无限卡/万事达世界之极卡	需要龙腾点数兑换，境内3点/次，境外4点/次	6800元/年，刚性年费
	白金卡		1250元/年，刚性年费
	吉祥航空钻石卡		3600元/年，刚性年费

续表

华夏银行	海航联名钻石卡	4次境内	5000元/年，刚性年费，有时年费有折扣
中信银行	无限卡	8次境外	20000元/年，刚性年费
	钻石卡	8次境外	20000元/年，刚性年费
	Luxury Card钻石卡	10次境内	20000元/年，刚性年费
	IHG世界卡	8次境外	20000元/年，刚性年费
广发银行	无限/世界/钻石卡	6次境内	12000元/年，刚性年费
汇丰银行	卓越理财旅行卡	12次境内	3600元/年，首年刚性年费，30万积分兑换次年年费
东亚银行	标准白金卡	2次境内	800元/年，可刷免
花旗银行	至享卡	3次境内	5000元/年，刚性年费
北京农商银行	凤凰白金/凤凰首约联名白金卡	2万积分兑换1次机场接送机服务，最高限享3次	首年免年费，消费或取现6万或10万积分抵扣免次年年费。
上海农商银行	世界白金鑫卡	4次境内，1次境外	首年1800元/年，次年20万积分抵扣
	钛金鑫卡	12次境内，4次境外	10000元/年，首年刚性，次年100万积分抵扣
银联钻石	每日早上10点抢，每天限量80单，享受2次。活动入口：云闪付→享优惠→权益精选→接送机		

表5-5 机场贵宾服务

银行	卡种	PP	带人	龙腾	带人	贵宾服务	带人
工行	大来爱购白金					无限	
	万事达白金					无限	
中行	无限	无限					
	私行美运	无限		无限			
建行	钻石	无限					
	全球至尊	无限	每次带两人				

续表

银行	卡种					
交行	白麒麟			主附卡各6点		6次cip
招行	经典白				6次贵宾服务	每人一次扣点
	钻石				无限	每人一次扣点
	百夫卡	无限			无限	每人一次扣点
民生	百夫长	无限				
浦发	超白	无限	可每次三人			
	ae白	无限	可带六人次每年			
中信	钻石，无限卡	无限		无限	无限	
	国航世界卡			无限	每次三人	
	ae卡			8点		8次cip
兴业	行悠白				12次cip	可带2人次每年
	行标白（万事达）	无限	可带4人次每年		无限	可带4人次每年
光大	白金卡				每次扣点	
	钻石卡			8点	每次扣点	
	无限卡			无限	每次扣点	
花旗	至享			无限		
	礼程卡主/附	6月3日	每人一次扣点			
汇丰	卓越理财卡			4次		
渣打	臻程	8		和PP二选一		

083

一生中必须学会的技巧：信用卡的用法

信用卡可以作为临时资金周转使用，也可以摆脱向亲朋好友借钱导致的尴尬。合理使用信用卡有利于个人征信报告，会给征信加分，信用记录时间越长，信用记录越好，生活中办理金融业务越便利。

不光如此，信用卡的门槛比申请贷款的门槛要低，使用信用卡可以帮助持卡人累积个人信用记录。有了信用记录，以后申请房贷、车贷就方便多了。银行为了鼓励持卡人刷卡消费，也会经常推出各种信用卡优惠活动，例如刷卡打折、返现等。参与信用卡优惠活动还能帮持卡人省钱。也许有人会问，怎么使用信用卡才能获得最大利益呢？让我们接着往下看吧！

【用卡有方】信用卡用卡指南

想熟练用卡，就要从银行的角度明确常用信用卡的特点。

一、国有银行（举例 5 家）

图 5-5 国有银行（举例 5 家）

1. 中国银行——中国最早的发卡行

优点：有外汇优势，国外网点多，识别率高；透支取现算积分。

缺点：不可电话销户，销户须去营业网点；起步额度低，不易提额；透支取现不支持最低还款。

总结：适合经济实力雄厚，不看重优惠活动，经常境外消费银联的人。

2. 中国工商银行——五大国有商业银行之首

优点：全国有3万多家网点，是目前我国网点最多的银行；支付宝支付可以做到无限额，本地取现无手续费，不实行全额罚息。

缺点：申办门槛高，额度太低；积分不永久有效，没有多大用处。

总结：适合有一定经济实力、工作单位优越的人。如果想要高额信用卡，工行定期至少存5万以上。

3. 中国农业银行——存在感比较弱的国有银行

优点：全年境外20%返现，10天免费Wi-Fi很给力；网点多，积分价值高，积分是永久有效的。

缺点：额度低，网上申请500元，小白金1万元；积分活动少，网上分期商城形同虚设，网页加载速度慢。

总结：适合经济实力雄厚，在农行有大额存款，喜欢去网点办理业务的中产阶级及退休干部。

4. 中国建设银行——最大特色是境外返现

优点：四大行中，起批额度高，大部分小白金起批额度为1万元。

缺点：不喜欢多卡，据说手里有五行就不会批；提额难，没有短信提醒提额，不要轻易去申请；积分获取难度大，积分不值钱；贷后管理频繁，大概每卡每季度一次。

总结：佛系用卡，不要轻易销卡。因为销卡后再申，都不算新户。

5. 交通银行——最接地气的国有银行

在国有五大行中，交行排第五。虽无顶级卡，但活动和权益还是不错的。

优点：信用卡产品丰富，优惠活动非常多。在白金卡里面，交行白麒麟更是在玩卡圈人尽皆知；拥有 56 天超长免息期，申请门槛低，提额较快。

缺点：卡片、币种都要分别操作，比较烦琐；只能系统提额，不能人工干预，风控非常严格。

二、全国性股份制商业银行（举例 4 家）

图 5-6 全国性股份制商业银行（举例 4 家）

1. 招商银行——积分活动花样多，权益流不能放弃的银行

优点：要玩转招行，你必须有招行的高端卡——经典白、百夫长白金、钻石、无限、百夫长黑卡。有了这 5 张信用卡后，能将招行的积分按照合适的比例兑换

成航空里程、酒店的积分，同时会有一些更好的权益。不论你刷任何一张卡，所拿到的积分都会在一个池子里面。

缺点：积分的浪费率很高，必须正好是 20 元钱才可以兑换 1 积分。

2. 中信银行——近两年很想讨好用户的银行

优点：相比很多高端卡，中信的申卡门槛不算高；年费不高，中信的小白金 480 元；每年至少获得 20 万里程且获取成本不高；各种大小活动很丰富。

缺点：提额慢，风控一般，但是也需要注意。

3. 兴业银行——有特色，额度较高

优点：金卡可享受机场贵宾厅；积分永久有效，不清零；积分可兑换里程；每月最低还款额为 5%。

缺点：网点很少；相对而言，歧视农村户口以及男性，喜欢女性。

4. 平安银行——注重车产

优点：24 小时道路救援；办卡即送意外险、住院补贴险等；有车的话额度上涨很快；活动很多。

缺点：短信提醒费；广告多。

总结：适合有车一族及爱旅游的朋友。

【用卡有方】信用卡提额技巧

信用卡的额度有高有低，如果使用不正确，就会被银行降额甚至封卡。那么，信用卡怎么使用才能提高额度呢？

一、信用卡有效提额五大原则

1. 良好的征信是一切用卡的基础；

2. 提供财力证明；

3. 提高给发卡行的总贡献值；

4. 多刷卡且多元化；

5. 按时足额还款。

二、常见银行，信用卡提额周期

学习提高信用额度的技巧，持卡人应该先了解各大银行的提额周期（见表5-6），掌握了使用技巧才能事半功倍（见图5-7）。提高信用卡的额度是大部分持卡人关注的热点，每个银行系统都是通过对持卡人的用卡情况进行综合分析后，来决定是否给持卡人提额，也决定了提额数的多少。

通常，提高信用卡的额度有两种：一是提高永久信用额度；二是提高临时信用额度。掌握各银行的提额周期，在有效的提额时间提交提额申请，可以事半功倍。

表5-6　常见银行，信用卡提额周期

银行类型	第一次提临时额度	再次提临时额度	第一次提永久额度	再次提永久额度
中信银行	6个月后	随时	6个月后	6个月后
招商银行	随时	随时	5个月后	随时
兴业银行	6个月后	随时	随时	3个月后
广发银行	随时	1个月后	6个月后	3个月后
交通银行	银行系统评估	银行系统评估	银行系统评估	银行系统评估
平安银行	4个月后	51天	3个月后	6个月后
民生银行	随时	1个月后	6个月后	3个月后
光大银行	3个月后	1个月后	6个月后	6个月后

续表

华夏银行	3个月后	随时	6个月后	6个月后
中国银行	3个月后	随时	12个月后	12个月后
工商银行	随时	随时	随时	随时
建设银行	随时	随时	6个月后	2个月后
浦发银行	随时	随时	6个月后	6个月后
农业银行	随时	4个月后	6个月后	3个月后

三、常见提额技巧

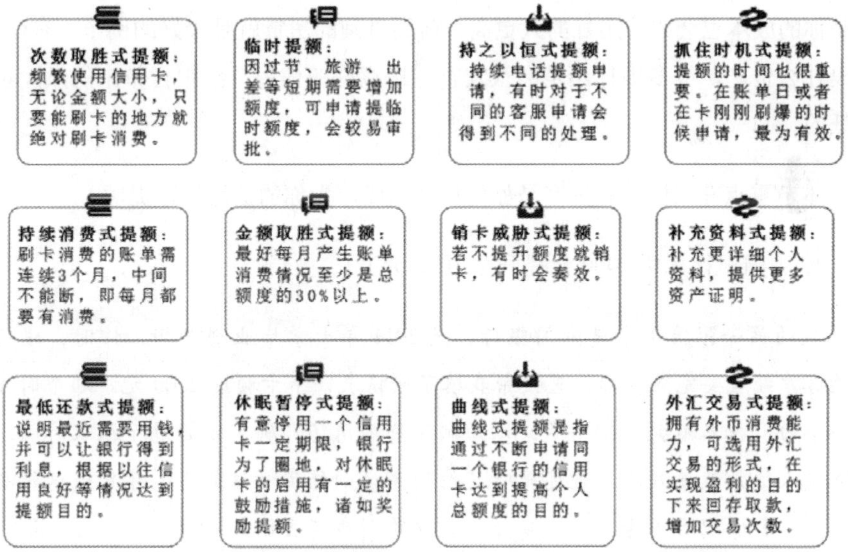

次数取胜式提额：频繁使用信用卡，无论金额大小，只要能刷卡的地方就绝对刷卡消费。

临时提额：因过节、旅游、出差等短期需要增加额度，可申请提临时额度，会较易审批。

持之以恒式提额：持续电话提额申请，有时对于不同的客服申请会得到不同的处理。

抓住时机式提额：提额的时间也很重要。在账单日或者在卡刚刷爆的时候申请，最为有效。

持续消费式提额：刷卡消费的账单需连续3个月，中间不能断，即每月都要有消费。

金额取胜式提额：最好每月产生账单消费情况至少是总额度的30%以上。

销卡威胁式提额：若不提升额度就销卡，有时会奏效。

补充资料式提额：补充更详细个人资料，提供更多资产证明。

最低还款式提额：说明最近需要用钱，并可以让银行得到利息，根据以往信用良好等情况达到提额目的。

休眠暂停式提额：有意停用一个信用卡一定期限，银行为了圈地，对休眠卡的启用有一定的鼓励措施，诸如奖励提额。

曲线式提额：曲线式提额是指通过不断申请同一个银行的信用卡达到提高个人总额度的目的。

外汇交易式提额：拥有外币消费能力，可选用外汇交易的形式，在实现盈利的目的下来回存取款，增加交易次数。

图 5-7 信用卡提额的技巧

四、信用卡达人提额经验分享

1. 尽量多一些金额数量，半年内消费总额超过30%的额度；

2. 尽量多一些消费次数，每个月 20 笔以上更易提额；

3. 尽量多一些消费商户类型，比如旅店、娱乐场所、商场、餐饮、旅游等；

4. 尽量减少或避免批发类和购房购车等消费；

5. 尽量减少网上购物、支付宝交易及提高额度取现；

6. 刷卡的商户类型不要跟所在公司的经营范围性质相似。

五、提额实战经验分享

很多客户和朋友问我："你的卡为什么额度都那么高？"除了掌握前面的一些申卡基本知识、申卡顺序、申卡技巧，更重要的是坚持循序渐进地换卡。

信用卡提额的底层逻辑，就是信用和资产。信用代表你的底线，资产代表你的价值，两者相辅相成，没有信用，有资产，银行也是有可能给出相应的金额，但是你的成本也会比信用好的人更高，前面讲到的房贷就是最好的例子。有信用，但没什么资产，很多银行还是会很友善，毕竟好的信用，给银行带来的风险也是很低的。

本节重点介绍信用和资产是如何相辅相成，为你的信用加速提额。

1. 中国银行（从 2000 元提升至 10 万元）

我的第一张信用卡是中国银行，是 2011 年大学毕业刚参加工作时，碰巧银行的客户经理要完成指标，直接帮我填了申请表，下卡额度 2000 元。那个时候我是个小白，根本不会用信用卡，以为刷了都不用还，刷完以后过了很长时间，银行也没人通知我还款。后来还是听其他同事说到信用卡这回事，才知道这钱要还的，不然影响以后买房贷款。我吓得赶紧跑到银行去问，也是自己人生中第一次逾期，好在银行看在我是第一次用卡，也确实没有收到相关的通知，让我把欠款还上，帮我消除了这次逾期。虽然结果不坏，但我仍心有余悸。还款和逾期处理完以后，我就打电话向银行申请注销信用卡了。

直到去年，我才再次发出中国银行信用卡的申请，总共申请了 4 次，第一次

2018年1月4日在中行的手机APP上申请的，结果是被拒。第二次2018年10月10日网点申请，结果被拒，具体原因客户经理没告诉我。第三次2018年12月21日还是在网点申请，2019年1月2日下卡，额度2万元。第四次2019年1月收到卡致电客户经理，提出提额申请，3月提交提额申卡，4月4日审批提额成功至10万元。

整个申请过程经验总结有以下几点：

（1）四大行的申请，去网点找专业的客户经理更容易下卡。

（2）第二次和第三次同样去网点申请，但结果完全不同，主要区别有三点：

第一，选择卡种。第一次网点申请只知道优先申请白金卡，具体卡种并没有想法。第二次网点申请，是直接跟客户经理讲，要中国银行最高端的世界之际套卡。

第二，资产。第一次是告诉客户经理会存放100万元到账户。第二次是100万元将近放了3个月。

第三，客户经理的专业度。第一次客户经理审核时，告知已有信用卡总授信较高，近6个月平均使用额度过高，担心信用卡资金流入房地产，实际上近6个月的使用额度确实也是用在了杭州房子摇号资金冻结环节，主要是2个盘同时摇号，导致双倍资金冻结有压力。客户经理表示也理解，并告知我这样的情况下卡额度可能不会太高。事实情况也是下卡只有2万元，收到卡第一时间联系了客户经理，希望她能帮忙提交提额申请，客户经理建议再等2个月，等近6个月平均使用额度降下来再提交申请。所以3月底才去做了提额申请，4月初顺利提额到10万元。以上是我在中国银行的用卡提额经历。

2. 广发银行（从1.6万元提升至9.52万元）

广发银行信用卡是继我中国银行信用卡之后申请的第二张信用卡。当时也是因为同事为了争取广发银行推荐客户赠送礼品和积分，帮我提交的申请。可能是基于同事的用卡情况，广发给我的下卡额度让我很意外，所以我一直对广发银行信用卡的印象特别好。

这张卡在我心中的地位非常高，它见证了我毕业时的一无所有，见证了一路走来的艰辛和其间的穷困潦倒，也见证了我今天的成绩。2012年7月从苏州到杭州，在最困难的时候，广发银行向我推销了一笔2万元的财智金。在我2013年弟弟住院的时候，替我解决了燃眉之急。在我2015年创业资金短缺时，替我解决了贷款和员工工资周转问题。这张卡从1.6万元的额度，提升至2万多、3万多、5万多、7万多，到去年的95200元。广发银行在我的用卡生涯里，是伴随我一起成长的。

整个用卡过程，经验总结如下：

(1) 尽可能多地去用广发银行信用卡，广发银行相对来说风控没有那么严，偶尔刷几次大额都是问题不大的。尽可能把额度用完。

(2) 偶尔做一下账单分期，给银行增加贡献值，银行也会比较友好。

(3) 条件允许，可以适当用用财智金。

(4) 广发银行提额也很方便，我的用卡过程中，基本上都是银行自动提额，在最后一次7万多元提到95200元时，也只是通过广发银行信用卡微信公众号进行的关键词发送提额成功的。

可能也是因为最近几年广发银行信用卡业务的发展比较迅猛，导致监管机构的关注，近期广发银行的风控也是比较严的，给用卡和提额都会增加一些难度，建议大家在日常使用中规范用卡，静待提额时机，切勿盲目用卡。

3. 招商银行（从8000元提升到44000元，已销卡）

招商银行是我的第三张信用卡，下卡额度8000元，用了5年，额度一直没有达到我的预期，一直停留在44000元。用行话讲，应该是进入了银行的小黑屋了，并且尝试了很多种出小黑屋的方法，都没有成功。2018年12月，我也尝试申请招商银行的高端经典白金卡，这张卡的申请条件基础的要求是要金葵花3个月日均资产不低于50万元才能申请，我是在金葵花达标的情况下做的申请，但很遗憾没有下卡，并且银行也给不出被拒绝的理由。

整个用卡和再次申卡过程，包含同行交流心得，经验总结如下：

（1）招商银行提额最快速的方法，就是多用卡，循环用循环还款，8000元的额度可以循环刷12000元甚至更多，提额会很快。

（2）比较介意卡多，总授信高。总结"经典白"没下卡的原因，应该是这个。

（3）高端卡系列，如果自己能达标，可以通过投诉的方式下卡，这个方法是一起申请卡的同行总结出来的成功方法。

（4）年底申请卡审批时间长，通过率较年初低，主要原因还是年底任务已完成，控制风险为主，年初业绩指标下达，审核快且通过率高。

（5）珍惜银行的邀请机会，尤其是高端卡的邀请，下卡额度和成功率都是非常不错的。

4. 交通银行（两张弄不懂额度的卡，已销卡）

我申请过两张交通银行的卡，两张额度不一样，一张24000元，一张21000元，账单是不共享的，还款也不是共享的。用卡期间我总是还错卡，两次造成逾期，还好不是因为未还款，而是还错账户。所以在此我也提醒一下读者，当你的信用卡出现逾期的情况，一定要先打电话跟银行协商，只要你逾期时间不长，不是恶意行为，态度诚恳，一般来说，银行也是愿意去帮助持卡人维护好信用的。

交通银行算是使用比较失败的卡，谈不上总结，但是对于白户来说，交通银行的下卡成功率还是非常不错的，而且面向商家的折扣活动非常多，交通银行的周周刷，也是每一期都吸引了不少用户的围观和参与。

5. 中信银行（2万元提升至5.9万元，已销卡）

中信银行是我在2015年6月申请的卡，印象中下卡额度2万元，额度提升到5.9万元后，就很难再提了，2016年的时候，银行给过一次7.1万元的临时额度，当时也不太注意提额，所以基本没用，过了时效后，额度恢复到5.9万元。后续这张卡一直绑定在滴滴平台做免密支付打车费。

这张卡平时使用不多，额度算是提得比较快，从体验上来说，是在2016年

9月G20峰会期间，我把这张卡给了弟弟做备用，假期中他去了一趟张家界玩，用我这张卡刷了一些消费和酒店住宿。回程后没多久，银行主动将额度提高到了59000元，再之后，很短的时间内，又给了临时额度71000元。

之后，也因为手上卡比较多了，没办法兼顾每一张卡的使用。2018年12月即将筹备写这本书后，才开始梳理手上的卡，对于一些额度不高，很长时间没有提额，权益不多的卡，做了销卡处理。

整个用卡过程经验总结如下：

（1）中信银行相对来说属于比较友好的银行，在额度和用卡上，都有自己独特的优势，比较喜欢高端类客户的消费，特别是酒店。

（2）中信银行貌似不太喜欢绑定线上的快捷支付，比如我绑定在滴滴平台的小额免密支付。

（3）中信银行的易卡，是最受用卡客户青睐的一张卡，9倍积分的权益吸引了不少高端玩卡用户，当然易卡的申请也是有门槛的。

6. 平安银行（2万元提升至8万元）

平安银行信用卡也是我申请得比较早的一张卡，序言中说到的晚上10点多，突然想起来要还款，跑到ATM机上转账还款的就是这张卡。平安银行给我下的第一张卡是车主卡，但因为我自己没车，一直很介意去用这张卡。去年因为房子转卖，我手上有了存款。基于对平安银行理财产品的好感和平安给客户较好的体验，我通过沉淀的资产申请了平安银行的百夫长+大白金卡套卡。

结果，下卡并未达到预期，额度只有59000元，而且大白金年费要2800元，百夫长60000元，因为是同时申请，所以如果两张卡都开的话，按6000元年费收取。平安银行的百夫长的权益非常一般，下卡后只开了大白金，付了2800元的年费。

开通后，使用的时间不久，很快额度调到了80000元固定额度，并且给了102000元的临时额度。当时以为有个临时额度，很自然地就能提升至固定额度。结果是我错了。

整个用卡和再次申卡过程经验总结如下：

（1）平安银行的风控相对来说是比较严格的。经常刷大额很容易被风控，但是提额的路径又是多刷卡，要消费能达到提额要求。如果给了临时额度一定要想办法用完，用完才有可能提额；如果不用，后续想再提额就比较难了。

（2）平安银行也是白户容易下卡的银行，如果有平安的保险和贷款产品的记录，就更容易下卡了。

（3）平安银行权益最好的卡是旅游白金卡，目前这张卡已经停发了。另外对车主的权益也不错的卡有车主白金卡，加油、停车、洗车优惠都不错。还有就是，平安银行的积分很好用，商城能兑换的商品很多。

7. 花旗银行（4.8万元提升至8.1万元）

花旗银行是第一张下卡额度就很高的卡，下卡48000元，所有在持的卡，没有一张有这张卡的额度高。2016年1月，这张卡被花旗银行风控过，让我提供大额消费凭证到指定邮箱，否则将不能使用。后面通过提供凭证，这张卡被保留了下来，而且，很快这张卡的额度提到6万多元，然后到81000元。这张卡平时基本上不怎么用，也是属于急用钱的时候，才会去刷的一张卡。花旗银行属于外资银行，能够申请的城市比较少，只有少数城市能申请，北京、上海、广州、深圳、杭州等。办卡的门槛有点高，一般人申请不下来。花旗银行的里程卡还是非常不错的，在积分兑换航空里程的权益上，深受常旅客的喜爱。

8. 华夏银行（4万元提升至10万元）

我最喜欢的一张信用卡就是华夏银行精英白金卡了。办这张卡时其实也经历了一些波折，因为当时办卡的时候，业务员并没有向我说明年费的情况，导致用卡1年后，产生扣年费的情况。打电话跟客服沟通后，才明白免年费需要用5万积分抵扣。沟通后，客服给出的结果是，本身已有3万多的积分，接下来3个月内，只要再积累1万多积分，满足5万积分，再申请兑换年费，把已收的年费做返还。在年费处理的这件事情上，体验感非常不好。为了免除年费，我开始重视刷这张卡，年费的事情处理完后，没过多久华夏银行就直接将固定额度提高到了8万元，让我非常意外，大概又过了 1 个多月，额度又一次被提到 10 万元。

9. 光大银行（1 万元提升到 5 万元，已销卡）

在光大银行一共申请了 2 张卡，第一张卡是在支付宝上网申，下卡额度 1 万元，直接就把卡扔一边了，过了面签激活时限，这卡自动销户了。也是出于积累用卡实操经验，2018 年 6 月在光大银行官网申请了一张龙腾白金卡，主要是考虑出行便利申请的。下卡时，额度还是 1 万元。在我想再次剪掉这张卡的时候，发现银行卡上黏着的单子上写了一行字：首次交易 1 笔，额度自动提升为 5 万元，让我非常意外，之后我去银行网点开了卡，交易了 1 笔，额度确实提额到了 5 万元。不过在面签的环节，体验也是不太好的，问的问题特别多，而且面签完了重新再审一遍，才让正常用卡。

总结：对于经常出差的用户，可以考虑一下这张卡，年费 1188 元，可以领 688 元年费抵用券，实际年费 500 元，9 个龙腾积分，高铁和机场 VIP 都能使用，特别是机场可以走贵宾通道过安检，不用排队。另外，光大银行合作平台比较多，优惠力度也是非常不错的，本人体验过途牛光大白金卡的满减，以及苏宁光大卡等的优惠。对里程和接送机感兴趣的，也可以申请商旅白金或者航空联名白金卡。

10. 邮储银行（7 万元）、工商银行（已销卡）、浦发银行（已销卡）

直接总结：

（1）国有银行优待缴纳社保和公积金的客户，我的邮储信用卡当时就是用社保的缴纳凭证办理的，下卡额度还不错，直接 7 万元，但是后续的提额也是比商业银行难多了，这张卡用了 1 年多，没有主动提升过。

（2）工商银行对在本行有公积金的客户特别友好，还有对事业单位、公务员性质的客户也是非常优待的。我一个关系特别好的朋友，凭房产和行驶证也仅仅是将额度提升到了 5 万元，但是他的公积金账户在工商银行，且缴纳的金额还不错，巧用金闪借提额路径时，顺利将本人工商银行的信用卡额度提升到 20 万元。

（3）浦发银行大家更熟悉的是它的增值产品：万用金。很多持卡用户通过经常使用万用金，达成信用卡额度的提升。缺点就是一旦增值产品停止使用，信用卡的额度也会随之下降，非常不友好。浦发银行的高端白金卡，深受权益类用户的喜爱，5万积分即可兑喜来登住一晚。

持卡人除了运用以上技巧提升信用额度外，还需要在信用卡的使用过程中注意细节，避免出现信用失信的现象。要知道，在信用卡的使用中，"细节决定信用"。那么，在使用信用卡的同时，下面这些事项也是需要注意的：

六、使用信用卡时需要注意的事项

使用信用卡时需要注意的事项：
- 不要为提额度，盲目刷卡
- 不要以为约定账户还款就高枕无忧
- 给还款日一个必要的提醒
- 信息变更需及时知照发卡机构
- 销卡后要"复查"
- 定期查询信用卡情况，避免被盗用产生欠款

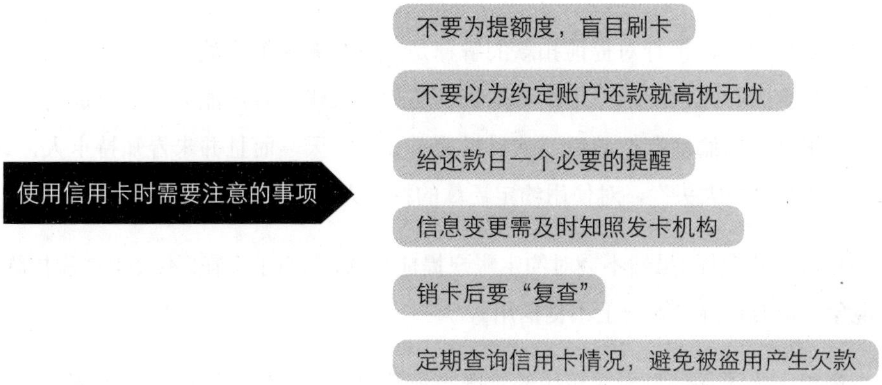

图 5-8　使用信用卡时需要注意的事项

1. 不要为提额度，盲目刷卡

一般而言，工薪阶层的还款能力是有限的，如果其拥有一张较高额度的信用卡，又透支过高时，会在一定程度上影响生活品质，万一不能及时还款，银行还要收取日息万分之五的利率。所以，刷卡并不是越多越好，要适可而止。

信用卡持卡人要明白再高的信用额度也不意味着你可以尽情地挥霍。所谓羊毛出在羊身上，请克制消费冲动，这个世界上没有"借钱不用还"的事。要时刻谨记信用卡刷卡的三大风险：信用风险、财务风险和法律风险。结合自身的经济能力，不要盲目刷卡，要适度地、合法地使用信用卡。

2. 不要以为约定账户还款就高枕无忧

约定账户还款不仅为持卡人减少了还款的麻烦，也降低了持卡人忘记还款的可能性，从而避免了因忘记还款而造成不良信用。然而在实际使用信用卡的过程中，也存在许多持卡人因约定还款被害得"不留清白在人间"。所以持卡人要知道，约定还款并不代表高枕无忧。

当前，不同银行对约定账户还款的规定是不同的。例如，有些银行是在到期还款日的第二天开始扣款，有的银行则会提前2～3天扣款，有些银行会根据欠款的金额，有多少扣多少，而有些银行发现账户中的金额达不到还款额时就不会扣款。

一般情况下，银行对提前扣款的解释是：银行系统批次处理的时间不同，所以自动扣款的时间也就不一定，可是最后还款日入账极有可能会还款不成功。甚至有些银行"偷偷地"把最后还款日提前了2～3天，而且并未告知持卡人，让持卡人成了"冤大头"，对使用约定还款的持卡人来说，也有可能造成不良信用。

还有一些银行，虽然不会对约定账户提前扣款，但由于存在"不会第二次扣款"的现象，也会让持卡人背上不良信用。

所以，为了保证持卡人使用约定账户还款时高枕无忧，最好在最后还款日前2～3天查看约定的账户余额是否充足，如余额不足，请存入足额资金，以便扣款。同时，最好在最后还款日当天致电发卡银行信用卡中心，查询是否成功还款。

3. 给还款日一个必要的提醒

信用卡持卡人会发现有些银行有短信提醒服务，会在到期还款期前2～3天通知持卡人还款，而有些银行是没有这项服务的，即使有也是按每月2元进行收费的。

那么没有短信提醒服务的持卡人最好能想一些特定的办法来提醒自己，比如，可以在办公桌或者电脑显示器下方贴上每张信用卡的到期还款日，还可以在手机上设置信用卡的到期还款日作为提醒铃声等。

此外，即使你是约定账户还款的，也最好对所约定的账户办理短信提醒服务，以便在到期还款日能及时收到银行是否扣款成功，假如没有收到扣款信息，要查明原因，以免造成不良信用。

4. 信息变更须及时告知发卡机构

现如今，人们的居住地和工作单位也随着社会的发展，变动得越来越频繁。如果个人联系信息发生变化，请及时通知发卡银行，以保证准时收到对账单等银行通知，及时偿还欠款。在当下提倡绿色环保的时代，建议把电子邮件等在线联络的方式在银行进行登记，并将纸质账单更改为电子账单。

5. 销卡后要"复查"

大部分银行都有提供电话销卡服务，假如你不想用某张信用卡时，只要致电发卡银行就可以销卡。但是销卡后要做好"复查"工作，有可能因为系统原因或者接线员的原因，会导致销卡不成功。也就是你以为销掉的卡其实还"活着"，而且还继续收着年费，长此以往也会造成不良信用。所以销卡后"复查"是很有必要的。

6. 定期查询信用卡情况，避免被盗用产生欠款

信用卡的持卡人要时刻关注并定期查询自己信用卡的使用状态，防止出现卡片遗失或被盗刷后产生欠款的情况。正常情况下，持卡人在银行系统中的信息都不会有误，除非个别工作人员的失误或是银行系统原因，才会存在错误的用卡信息，严重的会影响持卡人的信用记录。

【用卡有方】境外用卡常识及注意事项

随着社会的发展，人们收入和生活水平的提高，逢年过节时出国旅行度假已经不再是一项新鲜事，而在境外消费时由于使用现金需要先进行现金兑换才能进行支付，非常不便，于是信用卡在境外消费的便捷性就显现了出来。

最近几年，中国银联、支付宝、微信加速境外市场的布局，很多地方都可以使用"银联"卡、支付宝支付和微信支付，给出境带来非常大的便利。

一、境外用卡的几种方式

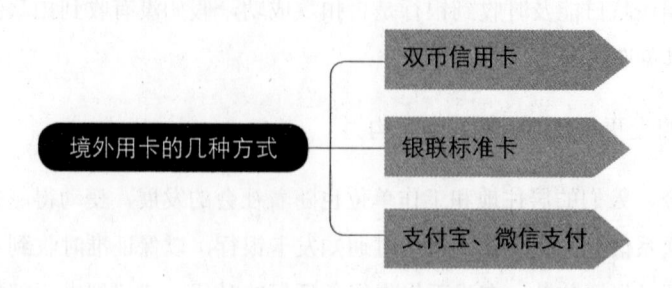

图 5-9　境外用卡的几种方式

1. 双币信用卡

在国内刷卡消费时，采用的是人民币结算；出境刷卡时，会自动进入外币结算系统，根据卡片种类不同，先转换成美元或欧元，再转换成当地货币结账（注：在非美元或欧元区），还款时还要再转换一次。

在此过程中，因发生了货币转换，所以要收取 1%～2% 的费用。 境外每次刷卡消费要产生一笔货币转换费，且每天的货币转换费都会根据当天的汇率变化来确定。

2. 银联标准卡

采用人民币结算，在境外 POS 机上刷卡消费以及境内还款均不收货币转换费。

相对于 VISA（威士）或 MASTERCARD（万事达）双币信用卡能够在 200 多个国家使用，银联标准卡在 61 个国家使用稍显不够，而且在出行、住宿方面，可能也没有双币信用卡获得的折扣和优惠多。

3. 支付宝、微信付款

不少东南亚国家和地区已开始支持支付宝、微信付款，只要您保持手机通信网络畅通，大可尽享无现金生活之便利。

大家熟悉的银联、VISA、万事达、JCB 都是不同的信用卡组织，他们通过全世界不同的商业银行发行信用卡。这些卡组织为争取和鼓励大家使用自己的卡，纷纷联合各地的商家和银行举办各种各样的优惠打折服务。比如，最近 VISA 和万事达卡为了争夺客户，纷纷推出了各种各样的消费返现服务，返现达到2%～5%不等；而银联也在世界各地推出类似的刷卡打折返现送礼等服务。所以大家在出国旅游做攻略的时候，不妨顺便去银联、VISA 或者银行的网站上看看他们在海外的一些推广，同样旅游购物，让自己多一点实惠何乐而不为呢？

现在银联虽然大力拓展它的海外结算网络，但是大多数集中在国人常去的奢侈品店、成熟的购物商业区和机场免税店这类地方，但是国内越来越多的驴友在国外旅游的时候开始偏向深度旅游，大家会喜欢去一些有特色的小城市或者小镇等等，这些地方往往使用银联卡很困难，所以准备一两张 VISA 或者万事达卡能很好地避免用不了卡的尴尬。

二、境外使用信用卡应注意的问题

在境外"银联"标识和VISA、MasterCard标识的商户和ATM交易，有什么不同？

1. 支付货币不同

在"银联"标识的商户和 ATM 用卡，支付货币为人民币；在 VISA 或 MasterCard 联网商户和 ATM 用卡，支付货币为外币。

2. 还款货币不同

"银联"交易，我们直接用人民币还款；在 VISA 或 MasterCard 联网商户和 ATM 用卡，我们就需要用美元还款，或申请人民币购汇还款。

三、在境外哪些商户和 ATM 刷卡可以用人民币支付

境外贴有"银联"标识的商户和 ATM，均可以使用信用卡内人民币账户支付。目前在国外"银联"通道还是较少的，建议备上一张双币种卡，或者全币种卡。

四、出远门前最好提前使用一下信用卡

信用卡如果太久没有使用，可能会有异常情形发生，如在无意中受损，或磁

条信息消磁，导致无法使用。所以出远门前最好提前使用一次，确保外出刷卡无障碍。

五、银行按什么汇率将交易的外币兑换民币

在这种情况下，银行一般会按照交易当日或者还款当日国家对外公布的外币对人民币的外汇卖出价两种汇率进行兑换，而且各家银行对此规定不一，还款时可以参照各银行具体条款。

六、注意 ATM 取款金额和次数的限制

一般情况下，信用卡每卡每日累计取现不得超过 2000 元人民币，每张卡片单笔的取现最高额和每日取款次数都是有区别的，而且，ATM 机对取钞数量也有上限要求。所以，在 ATM 机取现最高金额受到发卡银行和收单行规定的双重影响，以两者最小值为准。

例如，发卡银行规定每日最多取现 2 次，每次最多 2500 元人民币，而收单行规定一次性取现最高额为 1500 元，那么持卡人实际一次性取现最高额为 1500 元，每日每卡取现次数最多为 2 次。信用卡在境外取款时也会有取款金额和次数的限制。

如果您急需较大额度的现金，请提早准备，避免有钱吐不出、只能干着急的情况。

七、境外消费要注意小费和币种

境外刷卡，信用卡签购单上有三栏金额：基本消费金额（BaseAmount）、小费（Tips）及总金额（Total）。您可在"小费"栏填写支付小费金额，与实际消费金额，加总后填入"总金额"栏内，确认无误后再签名确认。

总金额一定要算对，如果多写了一个零，小费就给太多了。需提醒您的是，在国外刷卡时，注意签购单消费金额的币种，例如，1000 日元和 1000 美金可是相差十万八千里的。

【用卡有方】你的信用卡价值百万

相信很多人手里都有信用卡，但却并不一定了解信用卡的一些潜规则，比如，你真的知道你手里的信用卡能刷多少钱出来吗？你真的知道银行能给你的信用贷款额度是多少吗？

很多人听到这句话会说"那要看你信用卡有多高的额度了"，如果你这样想那就错了，其实不少信用卡都是可以超出额度范围的。但是，为什么有人明明额度已经刷完，却还能透支，而你却不行呢？为什么别人的额度增长得很快，而你的额度增长得很慢？

五年前有两个刚参加工作的年轻人，一起通过某业务员各自办了一张信用卡，五年后他们的日子却过得完全不同。

小A因为担心收费问题用卡非常谨慎，一年都刷不了几笔。这五年倒也顺风顺水，没有债务自然一身轻，但是生活质量改变不大。小C从拿到卡的第一天开始，就对卡各种研究，前两年显得有些吃力，但是最近两年又是买房又是买车的，生活越来越滋润。

五年过去了，这两个年轻人都准备结婚了。小A付了首付，可是装修钱却没了着落，急得发愁。但是小C却像没事人一样，不但早早买了房，还给第二套房付了首付。小A问小C："你家是不是有矿？"小C拿出信用卡说："我的卡额度早超过50万元了。"

小A愣住了，他怎么都不相信一张信用卡的额度能超过50万元，在他的印象中，他的卡额度一直都是8000元。

随着信用经济的兴起，有很多人都在用信用卡，有的人过着惬意的生活，有自己的事业、房产、新车，每个月哪怕有还不完的信用卡，但是日子一样很舒坦，蒸蒸日上。而另外一批人同样也拿着信用卡，可每天都在发愁钱怎么还，账单总是越来越多，利息越滚越高。

更有一部分人是拒绝信用卡的，他们觉得自己目前不缺钱，更不想去使用信用卡，好像使用信用卡是在贪小便宜一样。

银行的本性就是嫌贫爱富的，银行也从来不和穷人打交道，在银行大门进进出出的，永远是富人，而穷人一年到头都难得进出几回。

信用卡是做什么用的？信用卡就是让你把额度运转起来，打造足够多的备用金，打造好自己的征信。如果有一天你落魄了，用它还可以东山再起、重新布局，为将来留条后路。

有信用卡的朋友还知道，普通信用卡的年费一般是10元钱，但是有些白金卡、钻石卡的年费是8000～1万元。也许有人说："既然我已经有上百万元的额度，为银行贡献了那么多手续费，银行为何还要收我这么高的年费呢？"

听到这样的问题，我只能说你还不够成熟。因为如果你有良好的理财观念，擅长安排和创造消费，利用信用卡的免息期得到现金流，得到的收益可远远不止这点年费。银行不傻，怎么可能收你手续费的同时还要收你的年费，那是因为使用普通卡的是穷人，用白金卡的是富人。穷人和富人之间的思维是不一样的。

那么，你的信用卡背后到底值多少钱？

上面我对大家说银行从来不和穷人打交道，你现在有钱，不代表你一直有钱，当你穷困潦倒的时候，你拿什么资格跟银行谈钱。另外，如果你想要找别人借钱，起码要先和别人成为朋友，最少要建立一个良好的信用，比如银行。

如果你从来都没和银行打过交道，你是一个信用空白的人，银行凭什么把钱借给你？

我们很多人并不知道，实际上人民银行给一般用户的信用卡授信额度的上限其实是80万元，特别人群是120万元。如果按照合理的办卡顺序和节奏，一个普通家庭能拿到60万元的总额度是很容易的。

一般商业银行给持卡人的信用卡额度只是银行准备给你的总额度资金的5%，其他的额度会通过你的使用情况再决定是否给你后续资金。所以，用好你手中的信用卡，才是关键。表5-7是各银行在额度之外的信用贷款额度。

表 5-7 信用卡＋信用贷到底有多少钱

类别	银行	信用卡授信（元）	信用贷名称	信用贷授信（元）
六大国有银行	中国银行	50000	中银 e 贷	
	工商银行	50000	融 e 借	800000
	建设银行	50000	快贷	1000000
	农业银行	50000		
	交通银行	50000	好享贷	300000
	邮政储蓄银行	50000		
九大股份制银行	招商银行	80000	e 招贷	300000
	中信银行	70000	圆梦金／新快现	500000
	广发银行	100000	财智金	300000
	华夏银行	100000	易达金	300000
	兴业银行	80000	兴灵贷	200000
	平安银行	50000	新一代	500000
	浦发银行	50000	万用金	300000
	民生银行	50000	通宝分期	
	光大银行	80000	乐惠金	300000
城市商业银行、农信社	北京银行	30000		
	上海银行	50000		
	江苏银行			
	南京银行			
	杭州银行	50000		
	宁波银行	50000	信用授信	500000
	浙商银行	50000		
	温州银行			
	台州银行			
	恒丰银行			
	信用社	50000		

续表

其他银行	汇丰银行	50000		
	花旗银行	50000		
	渣打银行			
	澳新银行			
	星展银行			
合计		1340000		5300000

但是，这些是理论上的额度，你想拥有这样的额度，就必须先"养"好自己手中的信用卡，如果卡养得好，一个人融资几十万、上百万是没有问题的。不夸张地说，如果是一家人都有卡，养得好，支撑一个公司都没有问题。但是养卡的前提是你要懂卡，懂得用卡，懂得深入挖掘信用卡的好处。

国内外信用卡的不同：信用卡市场环境分析

国际信用卡就是能在国外使用或者能国外网站上刷卡购物的信用卡。其中，资信良好的人士有优先取得银行联合国际信用卡组织会签发卡的权利。随着银联网络的发展，除了中国大陆，国际上很多地区刷卡也可以走银联的线路，银联信用卡也已经具备了国际信用卡的特征。

一般来说，国际信用卡就是指支持VISA、MASTERCARD网络的信用卡，银联、美国运通等网络的信用卡也具备一定区域的覆盖面，具备国际信用卡的部分特征。

【知识导读】国际六大卡组织及信用卡发卡行

我们经常在信用卡上看到银联的标志，但有时你会发现，除了银联以外还有其他的一些标志，那这些标志代表什么呢，它的作用又是什么？这一切都还要从信用卡的卡组织说起。

一、常见银行卡卡组织

1. 什么是卡组织

卡组织又称清算机构,它可以通过跨行交易清算系统,实现银行系统间的互联互通和资源共享,保证银行卡跨行、跨地区和跨境的使用。简单来说,卡组织就是在银行卡跨行交易时,负责对多个银行或特许从事金融业务机构(非金融支付机构)之间的往来资金进行清算,并协助完成资金划拨的机构。

2. 卡组织的作用

卡组织业务往来对象是银行或者支付公司,它主要做两件事,清算交易资金和协助资金从收单行向发卡行转移。

可以参考信用卡交易流程图(图 5-10)。

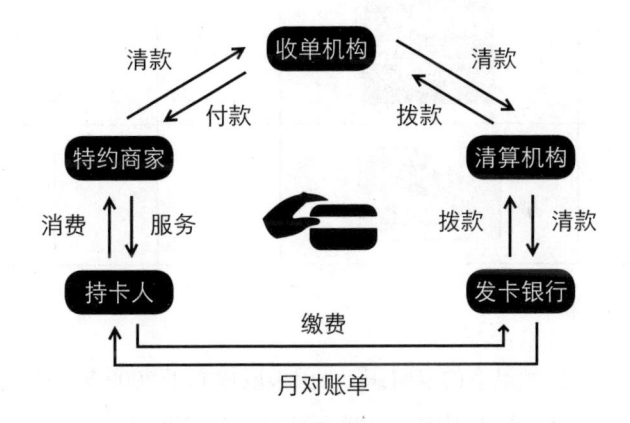

图 5-10　信用卡交易流程图

3. 国际六大卡组织(见表 5-8)

表 5-8　国际六大卡组织

六大卡组织	logo	磁条卡	芯片卡	卡片开头
中国银联	UnionPay 银联	磁条	芯片	62 开头

续表

visa（美国）	VISA	磁条	4 开头
mastercard（美国）	MasterCard	磁条	5 开头
jcb（日本）	JCB	磁条	35 开头
美国运通	AMERICAN EXPRESS	磁条	34、37 开头
大来	Diners Club International	磁条	30、36 开头

（1）中国银联

这是我们日常接触最多的卡组织，中国银联成立于2002年，是经国务院同意，中国人民银行批准设立的中国银行卡联合组织，总部设于上海。

作为中国的银行卡联合组织，由80多家国内金融机构共同发起设立的股份制金融服务机构，处于我国银行卡产业的核心和枢纽地位，对我国银行卡产业发展发挥着基础性作用。银联网络至今已遍布全球160多个国家和地区，目前还在持续拓展板块，它的快速发展使得我国成为全球银行卡业务增长最快、潜力最大的国家之一。

（2）威士国际组织（VISA International）

Visa全球支付技术公司是全球市场占有率最高的信用卡组织，运营着全球最大的零售电子支付网络,连接着全世界200多个国家和地区的消费者、企业、金融机构和政府,帮助人们更方便地使用数字货币,代替现金或支票。"4"字开头的BIN号属于VISA卡组织。

(3)万事达卡国际组织(MasterCard International)

Master Card是全球第二大信用卡国际组织。1966年美国加州的一些银行成立了银行卡协会(Interbank Card Association),并于1970年启用Master Charge的名称及标志,统一了各会员银行发行的信用卡名称和设计,1978年再次更名为MasterCard。1988年进入中国。"5"字开头的BIN号大部分属于万事达。

(4)美国运通国际股份有限公司(American Express)

运通卡(American Express)自1958年发行第一张运通卡以来,构建了全球最大的自成体系的特约商户网络。成立于1850年的运通公司,最初的业务是提供快递服务。随着业务的不断发展,运通于1891年率先推出旅行支票,主要面向经常旅行的高端客户。可以说,运通服务于高端客户的历史长达百年,积累了丰富的服务经验和庞大的优质客户群体。"3"字开头的BIN号且卡号15位的属于美国运通。

(5)大莱信用卡有限公司(Diners Club)

大莱卡(Diners Club)大莱卡于1950年由创业者Frank MC Mamaca创办,是第一张塑料付款卡,最终大莱卡发展成为一个国际通用的信用卡。"3"字开头的BIN号且卡号14位的属于大莱卡组织。

(6)日本国际信用卡公司(Japan Credit Bureau,JCB)

1961年,JCB作为日本第一个专门的信用卡公司宣告成立。其业务范围遍及世界各地100多个国家和地区。JCB信用卡的种类成为世界之最,达5000多种。JCB的国际战略主要瞄准了工作、生活在国外的日本实业家和女性。"3"字开头的BIN号且卡号16位的属于JCB卡组织。

二、如何选择卡组织

卡片区别：银联 62 开头的卡，目前已经全部发行芯片卡。芯片卡的安全系数是最高的，截至目前，国内未发现 1 例芯片卡伪造盗刷事件。但磁条卡伪卡盗刷事件每天都在发生。

优惠区别：在国内使用银联卡，会享受最新银联发布的新活动。比如，小额双免，享受 0.38% 秒到手续费优惠；闪付，享受 1 分钱坐公交、5 折坐地铁等。每年 6 月 2 日，凭银联 62 开头的卡，享受 62 折优惠，等等。

建议：卡友在申请信用卡时，尽量都选择银联卡。如果确实有经常出境的，可以补充一张外卡。另外，一家银行可以办多张信用卡，大部分银行额度是共享的。为了方便管理，用不到的卡尽量减持。

三、常见信用卡发卡银行

第一梯队是 6 大国有银行：中、农、工、建、交、邮储；

第二梯队是 9 家股份制银行：招商、中信、浦发、兴业、民生、光大、平安、华夏、广发；

第三梯队主要是：城商行、农信社、北京银行、上海银行、北京农商、南京、宁波、温州、天津、杭州、浙商、江苏、恒丰、信用社、盛京、大连、包商等；

第四梯队为其他银行，主要有：花旗、星展、澳新、渣打、东亚、汇丰等。

【知识导读】国内外信用卡概况

我国信用卡诞生于 1985 年，发卡行为中国银行珠海分行。"信用卡"的定义是为由商业银行或者其他金融机构发行的具有消费支付、信用贷款、转账结算、存取现金等全部功能或者部分功能的电子支付卡。目前取得发行信用卡资质的银行有五大行、股份行、邮储银行及部分城商行、农商行，信用卡业务收入已成为商业银行中间业务收入的重要组成部分。

一、信用卡对我国市场经济的影响

1. 促进金融市场繁荣

信用卡资金的盘活,给银行业带来更多的生机,银行收入增加,提高了金融市场的活跃度,促进了整个金融行业发展。

2. 使金融市场秩序稳定

高速发展的背后,根据中国人民银行《2018年支付体系运行总体情况》数据显示,信用卡逾期半年信贷总额788.61亿元,占信用卡应偿信贷总额的1.16%,信用卡风险有效把控,整体运行情况良好。

3. 对整个市场经济的影响

消费增长:老百姓手上可支配资金变多,有利于拉动居民消费,促进经济增长。

制造业发展:信用卡的出现,涌现出一大批卡片制造企业、芯片生产商、POS机生产商,以及技术机构、检测机构等,带动了制造业的发展。

互联网、计算机及电子商务行业发展:APP的开发与使用,卡片流转运输,支付方式的便捷,促进了互联网行业、计算机的软硬件集成及电子商务的发展。

根据中国支付清算协会的数据,截至2018年年末,信用卡和借贷合一卡共计发行6.86亿张,人均持卡量0.49张,预计到2020年,国内信用卡发卡总量将超过8亿张。信用卡市场整体呈现加速发展的态势。

截至2018年第四季度末,我国信用卡行业发展情况(见图5-11、图5-12、图5-13、图5-14)。

信用经济
——建立信用体系创造商业价值

① 信用卡在用发卡量持续增长

截至2018年第四季度末

全国信用卡和借贷合一卡在用发卡数量环比增长 **4.01%**

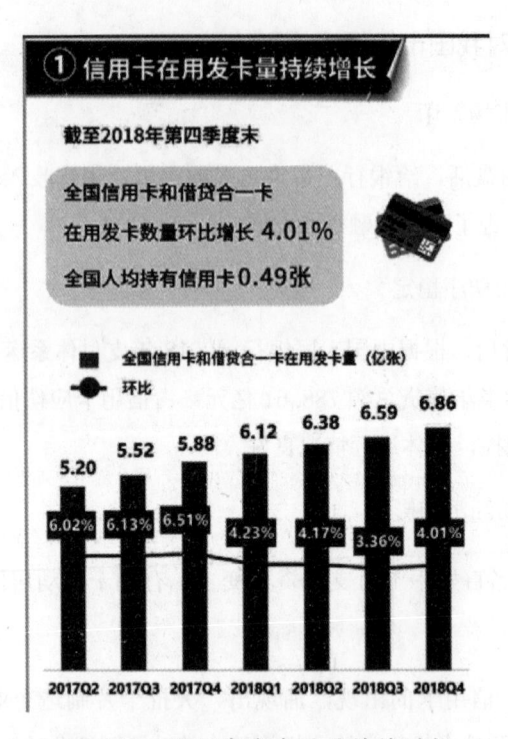

全国人均持有信用卡 **0.49张**

■ 全国信用卡和借贷合一卡在用发卡量（亿张）
● 环比

季度	发卡量	环比
2017Q2	5.20	6.02%
2017Q3	5.52	6.13%
2017Q4	5.88	6.51%
2018Q1	6.12	4.23%
2018Q2	6.38	4.17%
2018Q3	6.59	3.36%
2018Q4	6.86	4.01%

图 5-11 信用卡发卡总量持续增长

② 信用卡授信总额稳定增长

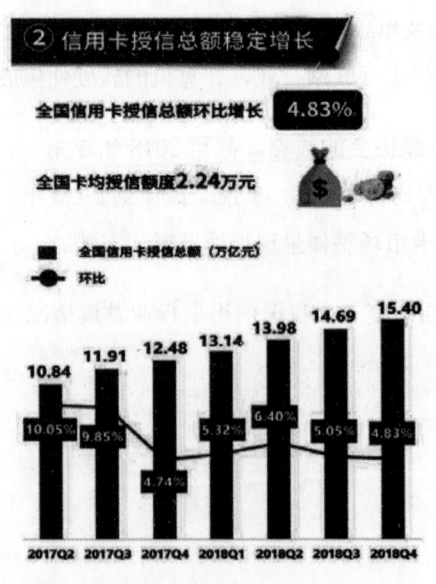

全国信用卡授信总额环比增长 **4.83%**

全国卡均授信额度 **2.24万元**

■ 全国信用卡授信总额（万亿元）
● 环比

季度	授信总额	环比
2017Q2	10.84	10.05%
2017Q3	11.91	9.85%
2017Q4	12.48	4.74%
2018Q1	13.14	5.32%
2018Q2	13.98	6.40%
2018Q3	14.69	5.05%
2018Q4	15.40	4.83%

图 5-12 信用卡授信总额稳定增长

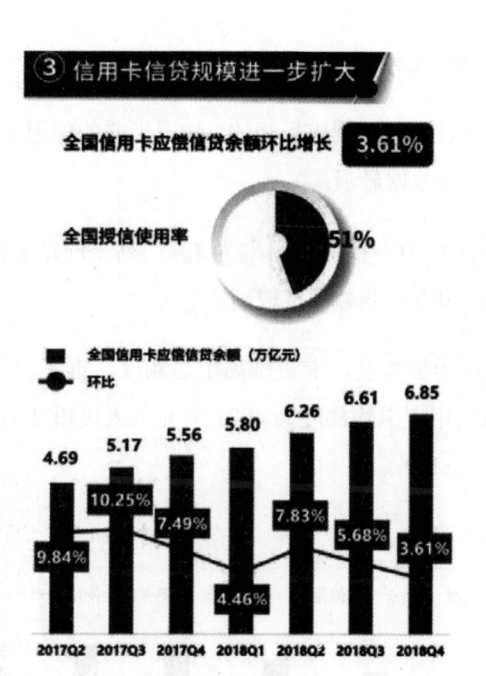

图 5-13　信用卡授信使用率持续增长，规模进一步扩大

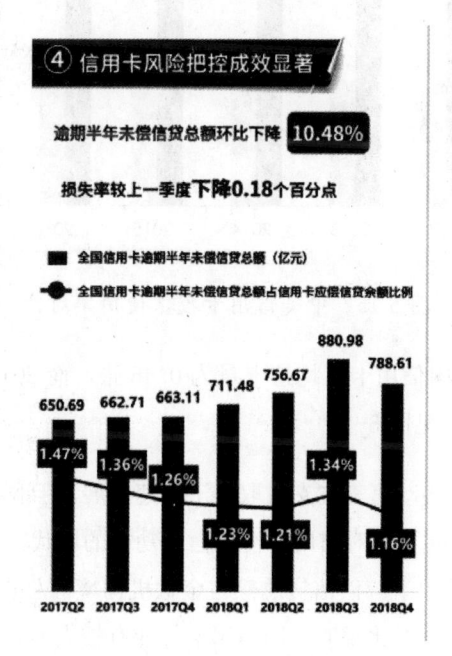

图 5-14　信用卡坏账率环比下降，风险把控有效

二、中国与国外信用卡市场环境分析

与信用卡体系较发达的美国市场相比,我国当前的信用卡发展仍有较大空间。据中国支付清算协会的数据显示:

2017年底,中国信用卡授信使用率为45%,高于同期美国的18%,二者差异的主要原因是美国信用卡行业总额度较高。

首先,美国信用卡较普及,卡量推高了总额度。再者,美国信用卡卡均额度更高。2016年美国信用卡卡均额度为4271美元(人民币2.96万元),同期中国为1.96万元(见图5-15)。

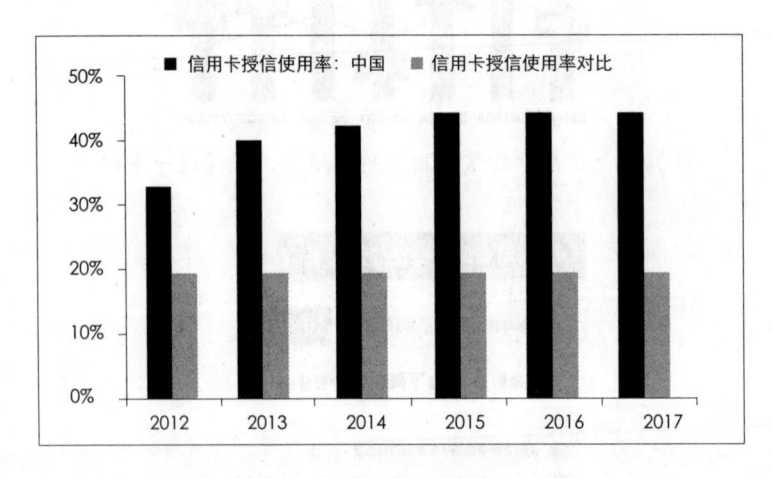

图5-15 中美信用卡授信使用率对比

2018年Q2末我国信用卡人均持卡量为0.46张,而2016年美国信用卡人均持卡量已达3.16张(见图5-16)。

虽然近几年中国移动第三方支付取得了快速发展,但移动支付也只是将信用卡嵌入了支付系统,并不是对信用卡消费信贷功能的取代。从信用卡贷款角度来看,2017年底中国信用卡应偿信贷总额占金融机构境内总贷款的4.55%,同期美国为11.41%。以上数据对比说明中国信用卡行业有较大增长空间,银行有望拥抱信用卡行业的广阔蓝海。

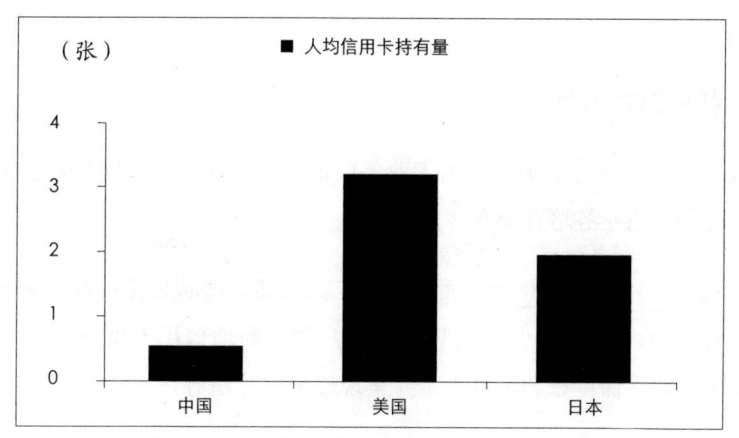

图 5-16　中国、美国、日本分别为 2018 年末、2016 年末、2015 年末数据

经历 2015—2016 年的发展低迷阶段，2017 年中国信用卡人均持卡量增速超越借记卡。中国人均借记卡持卡量自 2013 年 Q2 末的 2.82 张上升至 2018 年 Q1 末的 5.17 张，五年内增加 2.35 张，增幅为 83%。

而同期人均信用卡持卡量从 0.27 张上涨至 0.46 张，仅增加 0.19 张，增幅为 70%。银行卡发卡量的快速上升反映居民对银行金融服务需求的上升，信用卡行业的发展或可加快，以匹配居民的消费信贷需求。2017 年，信用卡发卡加快的现象已经出现，当年人均持卡量同比增长 25.81%，较借记卡高 18.9%，行业步入大发展初期。

【知识导读】为什么银行要大力发展信用卡业务

在消费金融市场日益繁荣的今天，信用卡业务不仅是银行整体战略布局中不可或缺的部分，更是银行在金融服务领域所应承担的义务和使命。

一、市场前景广阔

2018 年 5 月，我国社会消费品零售总额自今年以来单月首次突破 3 万亿元，达 30359 亿元，同比增长 8.5%。自 2014 年起，消费已经成为我国经济发展的首要动力，与此同时，消费金融市场加速发展，根据人民银行数据显示，截至 2018 年 12 月，我国金融机构个人消费贷款余额为 37.79 万亿元，同比增长 19.90%。截至 2018 年四季度末，我国人均持有信用卡 0.49 张，远低于美国人均 2.90 张的水平。

二、拓展潜在客群

相较基金、理财等业务，信用卡业务门槛较低，能够成为银行拓展客户的有力抓手，可为其他业务培育潜在客户。

尤其是在年轻客群的获取方面，信用卡相较其他产品来说具有显著优势。银联数据统计显示，自 2016 年 8 月以来，客户银行新增信用卡用户中，"90 后"持卡人的比例始终保持在 20% 以上，并呈现逐步攀升趋势。

众所周知，不同年龄阶段的客户其资产状况、财富需求都存在显著差异。从银行的角度来说，大额融资和财富管理业务目标客群通常年龄较大，拓展新户难度较高，而以信用卡业务作为触达年轻客群的媒介，不仅能够优化银行整体零售客群结构，同时对于未来中高端的客户的培育也是大有裨益。

值得一提的是，随着我国城镇化进程逐步推进，人均可支配收入持续提升，消费观念转变，三四线城市客群潜力将进一步得到释放。对于区域性银行来说，抓住机遇、顺势而为至关重要，银行可以将信用卡业务作为突破口，实现客户数量增长与结构优化，进一步带动整体业务的转型发展。

三、维护存量客户

一个最简单的道理，客户在本行所使用的产品与服务越多，转换成本就越高，流失概率越低。在信用卡业务成为各行"标配"的今天，提供优质的信用卡产品及服务已成为维系存量客户的重要手段。数据显示，开发新户的成本是维护已有客户成本的 4 到 6 倍，银行通过向零售客群交叉销售信用卡，增加客户零售产品持有数，能够有效降低客户流失率（见图 5-17）。

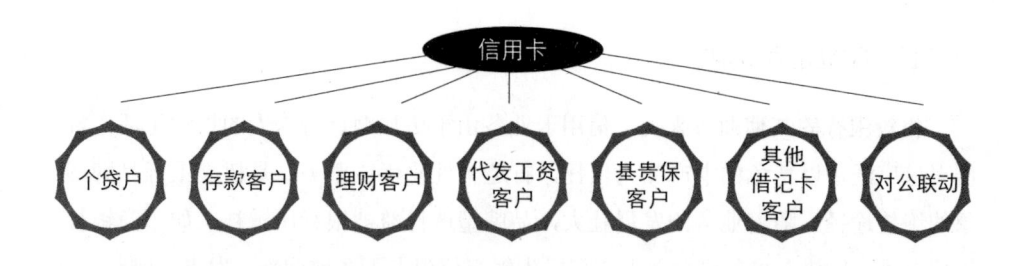

持有银行产品或服务数量	1 种	2 种	3 种	4 种
3 年内流失率	40%	20%	10%	5%
流失挽留成功率	0.50%	10%	18%	100%

图 5-17　信用卡业务是提升零售客户黏性的有效途径

此外，信用卡业务与客户之间的互动频繁，从审批开始，到交易提醒、账单送达、额度调整、营销激励、还款等，都能够增加银行在客户日常生活中的渗透程度，从而提升客户黏性。

四、挖掘数据价值

信用卡业务相较消费金融业务来说，显著的优势在于数据价值。目前市面上的消费金融产品多为特定的场景分期，授予客户固定分期额度，一旦分期结束，客户将大概率流失。而信用卡产品不仅可以提供专项分期、大额分期、账单分期、灵活分期等服务，同时其基于日常消费场景，能够帮助银行积累客户消费偏好、用卡习惯等海量数据，在与其他业务交叉销售时，也有助于完善客户信息，从而为银行挖掘数据价值、实现差异化经营提供基础（见图 5-18）。

助力大数据布局

01　通过信用卡业务拓展过程中客户交易行为数据的收集和整合，加强数据积累

02　从"产品偏好""消费偏好""潜在价值"等方面建立各类可识别的客户标签，强化客户洞察

03　将客户标签应用于各个营销接触点的互动营销，提升营销效率和大数据战略的实际应用能力

图 5-18　信用卡业务是客户行为数据沉淀的有效来源

五、树立品牌形象

相较银行的其他业务来说,信用卡业务由于更加贴近持卡人的日常生活,宣传渠道广泛,以特色的卡产品为依托,打造个性化优质服务,是树立银行品牌形象的绝佳途径。随着业务的发展壮大,品牌塑造日益被银行所重视,如招商银行信用卡"年轻化"形象已深入人心,民生银行信用卡不久前迎来了发卡 13 周年,同时其全新品牌口号——"信任长在"正式对外发布,昭示出面向未来的品牌承诺。

六、实现转型发展

党的十九大报告提出,要深化金融体制改革,增强金融服务实体经济能力,健全金融监管体系,守住不发生系统性金融风险的底线。银行业监管步入常态化,从 2017 年底开始,多份重磅监管文件陆续出台,影子银行、同业空转等成为重点整治的乱象,房贷业务受宏观调控影响较大。在此背景下,各行纷纷发力传统零售业务,对中间收入给予厚望,多家银行提出了"大零售"战略。信用卡作为具有成熟盈利模式的轻资产业务,在银行实现转型发展的道路上意义重大。

信用卡是银行的高盈利业务,利润和风险直接影响银行业务是否可持续发展。我对此展开了分析:

1. 解析利润

银行的盈利模式,其核心是存贷业务的利差,用低息吸纳存款,用高息发放贷款。

向商家:收取刷卡手续费

向信用卡持卡用户:收取年费;超过免息期外的利息及违约金;信用卡取现手续费及利息;银行分期业务收入;信用贷款收入,等等。

2. 解析风险

如果你是银行,现在需要发放 5000 万元贷款,那你是选择给 1 家企业,还是给 1000 个人?哪个风险更可控?即便找到 1 家能贷几千万的企业,利息也会放得很低。

3. 业务收入概况

信用卡收入分为：非利息收入与利息收入两部分。

利息收入指持卡人还款超过信用卡免息期产生的利息收入，各家银行的年化利率普遍为 12.775%～18.25%（日利率：万分之 3.5～万分之 5）。

非利息收入则包括年费、违约金、分期业务手续费（与大部分银行不同，招行和浦发已将此项归为利息收入）、商户返佣、违约金、取现手续费、境外交易手续费等。

2018 年银联数据客户银行信用卡业务的总交易额同比增长 37%，卡人均交易数为 30.5 笔，卡人均交易金额达到了 6.34 万元，比同期增长了 4%。除此之外，消费笔数在整体的交易中，也达到了 97% 的占比，消费金额达到了 84% 的占比。

据银联发布的数据来看（见图 5-19），2018 年银联数据客户银行信用卡业务收入结构主要的组成部分是利息收入与分期手续费收入，分期收入相比 2017 年有所提升，占比为 36.7%，和其他收入相比，分期收入成了信用卡业务最大的收入来源，而利息收入则有所下滑，由 2017 年的 34.36% 降至 30.2%。另外，回佣收入占比也呈现了小幅度的上升趋势。综合这些数据来看，银行信用卡业务的整体收入都有所上升，相比同期增长了 36%。

各银行在持卡端收取的手续费费率有一定差别，如浦发银行普卡年费设置为 180 元，较其他银行高；招商银行的分期业务手续费定价更高，12 期的每期手续费最高可达 1.67%。而商户返佣则一般按照政府制定的市场调节价 0.45% 执行。

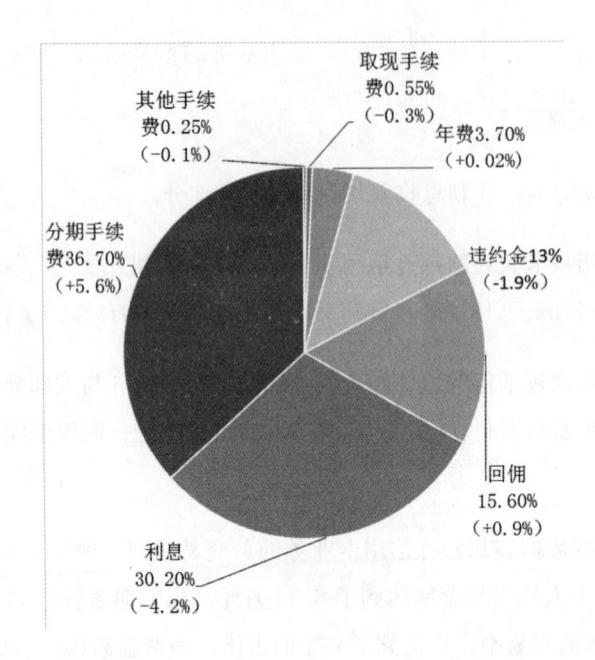

图 5-19　2018 年末　银联数据客户银行信用卡业务整体收入结构

银行信用卡发卡只是入口，以信用为背书，融入金融服务板块，增值业务收入巨大。

七、回归本源，推进普惠金融

大力发展普惠金融是银行业坚持主业、回归本源的重要体现，而为百姓提供更便捷、更安全、更高效的银行卡支付服务，是银行业义不容辞的责任。

党的十九大报告指出，我国目前的主要矛盾是人民日益增长的美好生活需要和不平衡不充分的发展之间的矛盾。正因如此，消费金融行业规模呈现爆发式增长，鱼龙混杂。一方面裸贷、暴力催收等负面事件频发；另一方面，信用卡作为传统的消费信贷产品也获得了更多的关注。商业银行作为我国金融体系中最重要的组成部分，以信用卡业务为载体，为人民群众提供贴心的日常消费信贷服务，责无旁贷。

随着我国经济发展，城镇化建设逐步推进，消费升级观念日益深入，消费金融行业前景广阔。信用卡业务作为银行零售业务的重要组成部分，不仅是中间收入的重要来源，更是银行回归本源的体现。

五分钟看懂的逻辑：你必须掌握的信用卡常识

在当今社会，使用信用卡刷卡已经成为许多人的日常消费形式。然而，即使在日常生活中司空见惯，也许每天都会使用到的信用卡，却有着许多门道，这些最基本的信用卡常识，很容易被持卡人所忽视。往往看似微小的使用细节，可能会让你的信用卡，在不知不觉间"偷"走你的钱。所以，了解信用卡的基本常识，是一件十分有必要的事情，不仅能够避免走入信用卡的使用误区，还能够及时止损。

【知识导读】信用卡用卡流派

截至2018年底，全国信用卡和借贷合一卡用发卡数量6.86亿张，工行、建行、招行、中行、农行累计发卡量过亿，8家全国性银行卡量同比增速超30%，11家当期新增卡量超千万。

各家银行的信用卡权益、优惠层出不穷，什么热门餐饮商户代金券、9块钱电影票、免费接送机、贵宾厅等都不是事，刷卡消费积分还能换礼品，甚至五星级酒店、机票都能搞定。按照信用卡的使用习惯，大致分为以下三种流派。

一、基础活动派

这个派别的持卡人基数是最大的，占70%～80%，对卡片的等级、数量要求相对较低，只要有卡片，符合一些基础的活动，基本都能接受。集中表现为：

1. 积分兑换礼品

用户可到各银行积分商城，根据自己的积分值兑换相应的礼品。目前体验比较好的应该是平安银行，凡是日常能用到的东西，商城差不多都有，可以兑米、油、家用小电器、厨房用品等，也可以兑话费、加油卡、超市卡，基本上能兑到日常生活需要用的各种商品，积分实实在在当钱用。北京银行可以兑京东钢镚，京东购物时可以直接当现金用。招商银行、交通银行、华夏银行、中信银行等，也可以直接用积分兑星巴克咖啡。

2. 各大合作客户优惠满减活动

例如：商超、餐饮美食满减，折扣优惠，指定餐厅、咖啡店、甜品店折扣日5折或特价等；视频网站会员赠送，爱奇艺、腾讯、优酷视频送会员；超市满减优惠，如光大银行本来生活满减20元优惠券；如携程、途牛等平台，提供订酒店优惠、机票优惠、旅游线路满减优惠等。去年10月份通过途牛定泰国行，光大银行白金信用卡优惠了500元，邮储银行白金信用卡优惠了800元。

3. 车主专享活动

例如：加油8.8折，ETC速通，洗车优惠，1元停车，免费机场泊车，代驾服务，租车优惠，紧急救援，车险优惠等。

4. 其他

例如：特惠观影：光大银行10元观影，汇丰银行9元观影，建设银行5元观影等；健身场馆特惠优惠；刷卡返现；光大银行迪斯尼上海特惠，等等。

此类持卡人上手容易，参与难度低，玩的人很多，且乐此不疲，但缺点就是操作烦琐，付出的时间精力成本高。

二、权益享乐派

这一类型，持卡人数比例不高，但都是追求性价比的高手。为了某项权益而申请卡片，甚至不惜借钱也要下卡。

这类持卡人了解航空、酒店等行业的权益规则，且能合理地利用这些规则，轻松提升个人生活品质。例如：免费接送机、贵宾厅、头等舱，还可以入住希尔顿、香格里拉等大套房，日子过得十分惬意。

除了机票、酒店外，权益也包括了代购、海淘和返现。

这个派系考虑的玩卡利益是如何花费更少获得性价比更好的体验，重性价比和物超所值的体验。

三、资金额度派

简单定义这个额度：指总固定授信额度 100 万元以上的。这个派难度系数最高，因为并不是所有人都能拿到较高的额度。资金流派的宗旨是合理利用资金来实现投资收益。

【知识导读】免息期最短 20 天，最长 56 天

信用卡免息期是指持卡人在从信用卡记账日起到还款日止之间的时间段，全额偿还当期总欠款金额可以享有免息权益。当然信用卡取现的金额不在免息之列。

信用卡有最短免息期与最长免息期之分，持卡人想要得到最大的实惠，实现成本最小化，最好避免在最短免息期内使用信用卡。

以某卡友小胡为例：小胡的招行信用卡账单日为每月 7 日，还款日为每月 25 日。如果小胡在本月 6 日刷卡消费，那么就会入账本期账单，到本月 25 日还款日有 20 天，这 20 天就是最短免息期；如果小胡在本月 7 日刷卡消费，那么本月 8 日是该交易的入账日，该交易金额入账下一期的账单中，到下个月 25 日还款日有 50 天，这 50 天就是最长免息期。

由于相连两期账单日的间隔时间为一个月，也就是 30 天，最长免息期与最短免息期的关系表 5-9 所示。

表 5-9　国内各主要银行免息时间表

部分银行信用卡免息期列表		
银行	最长免息期	最短免息期
中国银行	50 天	20 天
工商银行	56 天	25 天
农业银行	56 天	25 天

建设银行	50 天	20 天
交通银行	56 天	25 天
招商银行	50 天	20 天
中信银行	50 天	20 天
民生银行	50 天	20 天
浦发银行	50 天	20 天
光大银行	50 天	20 天
兴业银行	50 天	19 天
平安银行	50 天	20 天
广发银行	50 天/56 天	20 天/26 天
华夏银行	51 天	22 天

想要最大限度地用好甚至拉长信用卡的免息期，还有一些小技巧。

一、切记要在账单日后一天消费

这是获得最长 50 天免息期的前提条件。

假如你的账单日是每月 5 号，你只要在每月 6 号开始刷卡消费，就可以获得 50 天的免息期了。

二、修改账单日

我们最常用的是招行的信用卡，该行的信用卡有一个好处，就是有不同的账单日，最关键的一点是账单日还可以修改的，只不过每半年才修改一次。

如果你的账单日是每月 5 日，并且你在每月 6 日有消费，记住在下期账单之前，也就是在每月 4 日之前，就开始申请将账单日更改为每月 3 号，此时你信用卡新的还款日就变为了 21 号。

那么在前一个月 6 日的交易，将会在下一个月 3 日才出账单，信用卡中心自然就要求在下一个月 21 还款，这样就享有了 71 天的免息期（前一个月 6 日——下一个月 21 日）。

三、申请分期

在每月 3 日出账单后、当月 21 日还款前，申请账单分期付款。这时前一个月 6 日交易的分期又会延迟一个月，到第三个月 3 日才记入账单，这样信用卡中心到第三个月 21 日才要求还款。

此时你可以计算一下，你所享受的免息期为：26 天 (12.6-12.31)+31 天 (1.1-1.31)+30 天 (1.1-1.30)+21 天 (2.1-2.21)+3 天容时 =111 天。

想想 111 天的免息期有多好，资金能周转得更久，还款压力瞬间减小，投资就能赚更多。

而采用以上方法，需要满足两个前提：

（1）本月之前的账单均已按时全额还款，且最近三期账单还款无延滞。

（2）本月账单分期申请通过了银行审批。不能申请账单分期的交易有：预借现金交易、分期付款交易及各项费用等。

【知识导读】使用信用卡的 10 大误区

一、不激活就不会欠款

平日里，不少消费者会被各种各样的信用卡优惠吸引，填表办卡，以为只要不激活就没事了。值得注意的是，有些信用卡会在持卡人确认的情况下自动激活，产生年费，或者是勾选了"快递"方式而产生的快递费用等，都会出现在账单里，如果持卡人在收到卡片后并不留意的话，这笔费用很可能出现逾期。因此，持卡人需时刻关注自身卡片情况。

二、超长免息期资金随便用

信用卡的主要功能是透支消费，可享受几十天的免息期，但这只适用于消费交易。目前各家银行对于信用卡取现都会收取一定的利息，不享受免息期待遇。这是由于信用卡的主要功能是用于日常小额消费信贷，银行会严格控制资金违规流入其他领域等方面的风险。

三、随存随取，反正都是银行卡

有的持卡人认为，信用卡是附加了透支功能的借记卡，会将一部分现金存入其中，即溢缴款。其实很多银行对于溢缴款是不计算利息的，甚至取出溢缴款时还需支付一定的费用，这是因为信用卡的定位是先消费、后还款，并不是作为储蓄账户的。

四、消费越多，积分越多

不同银行的积分设定规则不同，很多银行会对积分商户进行划分，如持卡人在房车类、医院、学校、政府类、金融类、慈善、居民服务和非营利性社会服务等低费率、零费率商户消费时，则很有可能无法获取积分，具体的积分规则还需认真阅读，如积分有效期等也要注意。

五、提前还款，免收手续费

在办理分期等业务后，有些持卡人可能希望提前还款。一些一次性收取手续费的项目，即使提前还款，很可能也不会退还已收取的手续费；而对于分期收取手续费的，提前还款可能也需一次性偿还剩余期数的手续费。在办理分期时，持卡人一定要留意合同中所约定的费用收取方式。其实并不建议大家提前还款，因为这本质上是一种违约行为。

六、通过第三方可提升额度

信用卡的额度是银行根据持卡人的还款能力、还款意愿、信用状况等信息进行审慎核批的，具有严格的制度流程，不可能无限提升。生活中会有不法分子谎称有"内部渠道"可帮助提升信用卡额度，但需要"好处费"等，其实都是诈骗谋财，绝不可信。如希望调整额度，持卡人可以凭借良好的用卡记录、财力证明等通过正规渠道进行办理，如拨打客服电话、APP自助调额等。

七、内部关系消除不良记录

在网上输入"消除不良信用记录"会发现有很多广告，这些都是不可信的。个人的信用信息是通过专线从商业银行等机构传送到央行征信中心的，所有环节都有严格的管理制度，数据均由计算机自行处理，没有人为干预。一旦不小心出现逾期等情况，持卡人应立即还清欠款，同时不要马上销卡，需持续用卡，积累良好的信用记录，欠款还清5年后，不良记录将会被消除。

八、设定自动还款就高枕无忧

一些持卡人将储蓄卡与信用卡绑定，在还款日之前进行自动还款。值得注意的时，持卡人要留意储蓄卡中是否有足够的余额，自动还款并不是实时、随时还款，银行对自动还款的扣款次数是有限制的，如果在规定次数内均由于余额不足造成还款失败，持卡人即使后续补充余额也无济于事，需尽快手动还款以避免逾期。

九、信用卡越多越好

市面上各种信用卡产品层出不穷，权益多样，有些持卡人可能会办理多张信用卡，便于在不同的场景下"薅羊毛"等。建议各位视自身具体情况而申请信用卡，卡片过多可能会增加混淆账单、遗忘还款、卡片丢失等风险。

十、逾期罚息，晚点交没关系

如果发生了逾期，银行不仅会对本金计收利息，对所产生的利息也要计收利息，即"利滚利"，因此多拖一天，罚息的金额就越高。持卡人应按时还款，即使逾期也要尽早还清。

1. 还款日当天还款就行

表面看来似乎没什么问题，借款人不仅主动还款，而且也没有超出约定的还款期限，按理说应该不会出现逾期，但事实并非如此。

虽然信用卡每期的还款日都是固定的，但各银行在还款日当天的扣款时间却各不相同，对扣款次数也有限制，并不是将钱存到储蓄卡中就实时扣款的。如果持卡人没有提前将足够金额存入绑定的储蓄卡内，系统扣款不成功，很可能会自动识别为逾期了。

2. 逾期一天就一定会上征信

部分银行会提供"容时服务"，即为持卡人提供还款宽限期，多数为1~3天。

信用经济
——建立信用体系创造商业价值

不过这项服务很多时候并不是自动的，需要致电客服申请。就算使用了容时服务，也要尽快还款。

此外，有些银行也会提供"容差服务"，账户未清偿部分小于或等于一定金额（比如10元）等也视为本期全额还款，未还金额自动转入下期账单。同样，要先跟客服问清楚。

3．逾期后信用卡就不再使用了

有的人想：这张卡逾期了不用就行了，怕什么？

错！如果一直不还款，信用卡每月都会产生一次逾期未还款，征信记录越来越糟，进入"黑名单"是迟早的事。更要命的是欠款数额越来越大，很可能被认定为恶意逾期，被起诉判刑。

4．有逾期记录的信用卡还完后就注销

最好不要这样！应该持续使用此卡两年以上，期间正常还款，这样才能最大限度地补救以前的不良记录。

这是因为贷款时，金融机构会考察近两年的征信记录，如果两年内保持良好的还款记录，会大大降低轻微逾期对贷款的影响。

5．对"无法避免"的逾期不管不问

因失业、疾病或是其他意外事故导致无力按时还款，就只能留下不良信用记录了吗？不是！

这个时候态度要端正，在最后还款日之前，主动跟银行联系，陈述自己的经济状况，申明自己并非恶意欠款，并申请延迟还款和利息优惠，通常银行会酌情放宽处理。

6．5年后逾期记录会自动消除

这是目前最常见的一个误区！很多人都以为5年以后，个人信用报告上的逾期记录就会自动消除，其实这是有前提条件的。

根据《征信业管理条例》的相关规定，征信中心的记录只会保留5年，但只要借款人没有还清欠款，逾期记录将会一直存在。所谓的"5年后自动消除"，是从还款之后才开始算的。

【知识导读】不得不知道的6大信用卡骗局

随着信用卡的普及与发展，信用卡骗局也层出不穷。要想避开"火坑"，就需要先了解这些骗局，然后再寻找防范措施。

骗局1：收取手续费

经营超市的小韩在银行多次办理信用卡但额度都不高，眼下正缺现金，忽然收到了代办信用卡的短信，7～15天办好。小韩心动了，马上联系了对方，对方称不需要提供工资证明、个人信用记录等资料，只用本人身份证和手机号，就能办理大额信用卡。

虽然半信半疑，但看到对方朋友圈里大量信用卡的照片、视频，小韩打消了疑虑。几经接触后对方表示，可办理一张40万元额度的信用卡，不过要先缴纳8000元手续费。小韩办卡心切，马上转账，随后对方又以疏通关系等借口，陆续收了10000元手续费。小韩抱着幻想等了近4个月，忽然发现微信被对方拉黑，才意识到自己被骗了。

很多"代办大额信用卡"都是骗人的，收了你给的"好处"后，大多就没有音信了，或者给你张假卡。

骗局2：办卡需提供详细卡片信息

小王接到电话说可以代办大额信用卡，一番交谈后小王要求办一张20万元额度的卡，对方表示可以秒批，但是需要提供个人已有的信用卡信息，诸如卡号、卡片有效期、背面后三位安全校验码等。

小王将自己的信用卡信息提供给了对方，挂了电话没两分钟，就收到了自己信用卡消费5万元的短信。骗子得到了关键信息后，直接盗刷了……

小编再次提示大家，信用卡卡号、卡片有效期、背面后三位安全校验码等是极其重要的信息，千万不能泄露！

骗局 3：盗用身份信息盗办大额信用卡或申请贷款

很多人都想办大额信用卡，而办大额信用卡都需要申请人提供一定的财力证明。所以这样条件的人群还是不多。有些骗子就抓住了这点，打着可以代为申请大额信用卡的旗号，来骗取大家的个人资料，在多个平台申请网贷，甚至是高利贷。还有一些骗子要大家提前支付一笔费用，付完之后就音信全无。

因为这张信用卡是在你名下的，所以这些消费也都是在你名下的，逾期记录也会出现在你的信用报告中。等你察觉时，为时已晚，还要替骗子背债，而且骗子还可以将你的个人信息再次出售。

骗局 4：通过提额盗刷信用卡

额度不高可以提额，不少人接到过来自银行的提额电话，但这个电话有真有假。有些骗子冒充银行工作人员致电持卡人，告诉持卡人目前有提额资格，然后以核实个人资料为借口套取持卡人的信用卡号码、安全码、短信验证码等各种信息，受骗的人就会收到信用卡被盗刷后的短信消费提醒。

骗局 5：贼喊抓贼盗刷信用卡

这是骗局 4 的升级版。有些骗子会主动给持卡人发送短信、打电话，告知其信用卡目前有被盗刷的嫌疑，让其登录网站查看具体消费详情，以作确认。很多人听到被盗刷就上当了，立马根据骗子提供的网站点进去查看自己的信用卡情况。但这个网站并非官网，而是骗子专为大家提供的可以盗取信用卡密码和其他信息的钓鱼网站，只要大家输入信用卡信息，他们就能重新复制一张新卡片出来，进而盗刷大家的信用卡。

骗局 6：用你的身份信息办银行卡，进行走私、洗钱等不法交易

更有甚者可能会利用你的身份信息办理银行卡，进行不法交易，到时候就是警察找上门了，损失无法估计。

以上这6种骗局是最常见的骗局，但随着信用卡服务的进一步发展，骗局也会不断更新，给我们处处"挖坑"。要想避开骗局，就需要提高自身的信用安全防范意识，将以下几点牢记心中。

1. 通过正规渠道办理信用卡

这是防范诈骗最好的方法，目前正规的办卡渠道有银行网点柜台、银行官网、银行官方微信公众号等。

2. 大额信用卡很少

信用卡分为普卡、金卡、白金卡等等级，白金卡额度一般在5万元以上，但通常需要年收入15万元以上。实际生活中，几十万额度的信用卡非常少见，更何况是上百万额度，所以千万不要轻信骗子的花言巧语，否则只能傻傻地交"智商税"了。

3. 申请资料齐全

通常情况下，信用卡申请无须抵押或担保，对申请人的信用要求较高，因此，银行在审核时都有明确要求，对可能存在的风险会进行严格把控，不可能出现"无论白户黑户、只需一张身份证复印件或扫描件"就能办卡的情况，也不存在任何的疏通关系、走绿色通道的情况。

4. 办卡收费的都是假的

这种骗术最终目的是"诈财"，而所有银行对信用卡申请的处理都是免费的。因此，一旦涉及"手续费""好处费"等收费要求，就要提高警惕了。

如今信用卡诈骗种类越来越多，让人防不胜防。即使很多人社会经验丰富，也偶尔上当受骗，落入诈骗分子编制的陷阱中。下面为大家揭秘信用卡的最新骗局，希望大家可以提高警惕，以免上当受骗。

一般如果是银行发来的短信或打来的电话，都不会是"10"开头，都会是银行专属"95"开头的。只要大家注意到这一点，基本上就能将绝大多少骗子扼杀在摇篮里了。同时，如果信用卡真的出现盗刷，大家要及时报警以及通知银行客服人员，才能将损失降到最低。

只要牢记一句话，你就不会被不法分子欺骗，即：天上不会掉馅饼，世上也没有不劳而获的事情。

不可不知的生活诀窍：信用卡取现和还款的秘密

信用卡取现不同于信用卡消费，信用卡取现是信用卡本身固有的功能之一，持卡人可以使用信用卡向银行提取现金，信用卡取现主要包括透支取现和溢缴款取现两种方式。透支取现是需要支付利息，并且是从你提取现金的当天就开始计算利息，而溢缴款取现则不需要支付利息。

而信用卡还款是指当持卡人的信用卡消费到达最后还款日期时，为了确保持卡人良好的信用记录，而将账单消费资金返还给银行。但不管是信用卡取现还是信用卡还款，都有要注意的地方，究竟是什么地方要注意呢？

【知识导读】取现手续费 + 利息，是真贵

虽然各大银行下发信用卡的目的是为了刺激消费，但是大部分卡都可以直接取现。

一、不同的银行对信用卡取现态度不同，主要体现在两方面

1. 额度限制

就是大部分信用卡上的额度只能按一定的比例取现，一般为 30% 或 50% 两种比例。但也有支持 100% 取现的信用卡。

2. 手续费收取

由于信用卡的特殊性质，每个银行对取现收取都规定交手续费，取现是从当日就开始收取利息，不能享有刷卡消费的一月免息福利。

手续费的高低和取现额度相同，按每个银行的具体规定浮动，一般在1％～3%之间。取现利息从当日就计算，也按每日万分之五计算，直到还款结束。

很多银行是按照1%收取信用卡取现手续费，最低取现手续费为10元，信用卡取现的利息一般则是按照日利率的万分之五进行收取，如果一用户取现5000元，那么对应的取现手续费则为50元，取现利息每日则为2.5元。

信用卡可以用于消费支付，也能在用户需要资金周转时进行取现。信用卡取现可以直接在所属银行的ATM机进行，也能通过手机APP进行现金分期，有的银行也支持跨行取现。而信用卡取现比较方便，也不必重新申请额度，所以很多用户需要用钱时，会通过信用卡取现改善经济状况。

信用卡取现也有额度限制，最高可取现信用卡总额度的50%，如果用户的额度已不足50%，那只能取现剩余额度。例如，小张的信用卡额度为1万元，那么小张最高可取现额度就是5000元，可如果小张在取现时，已经用信用卡消费了6000元，那小张最多只能取现4000元。

这时信用卡取现用户得注意了，信用卡取现跟信用卡消费不同，它是没有免息期的，信用卡从取现那天起就要支付相应的取现利息，取现时还要支付相关取现手续费。那么，取现手续费和利息收取规则又是什么呢？

二、取现手续费和利息收取规则

1. 信用卡取现手续费

有的银行的取现手续费会存在差异，但大多数银行都是按1%收取取现手续费，最低取现手续费为10元。打个比方：小李现在要取5000元现金，那小李需要支付的取现手续费就是5000×1%=50（元），取现手续费会直接在小李取现时，计入小李的信用卡账单中，小李后期在归还信用卡时按时归还即可。

2. 信用卡取现利息

不管是什么银行，信用卡取现利息都是按日利率的万分之五收取的。打个比方：小赵要取现5000元，那么小赵一天要承担的利息就是

5000×0.05%=2.5（元）。如果小赵进行的是现金分期，在分期时，系统会主动告诉小赵每月需付的利息费用。

偶尔部分银行会推出取现利息减免的活动，所以，如果用户有取现的需要可以多留意银行推出的活动，以减少自身利息支出。

表5-10　部分银行取现及手续费收取情况

银行名称	取现手续费及利息
工商银行	本地银行免取现手续费，异地取款1%，最低2元，最高100元，本地跨行部分地区2元，部分地区4元。外币：按金额的2.9%收取，最低3港币或3美元或3欧元（含境内外）。取现利息每日万分之五
农业银行	1%，最低1元，从取现当天计算，本金万分之五
中国银行	中银系列：境内本行，ATM或柜台1%，ATM最低8元，柜台最低10元，境外国际3%，最低3.5美元
	长城系列：本行本地免费，异地本行1%，最低10元，异地跨行12元/笔，跨行本地4元/笔。境外国际3%，最低3.5美元
建设银行	取现费率千分之五，最低2元，最高50元
交通银行	取现手续费1%，最低10元，利息从第二天开始计算
招商银行	取现费率1%，最少一次收取10元，本金万分之五
中信银行	人民币：取现费率2%，最低20元，本金和手续费都有利息，万分之五，利息月结时不到1元收1元。本行与外行一样
	境外美元：取现费率3%，最低3美元，月结利息不足1美元收1美元。全币通卡因是转人民币，不足1元收1元
北京银行	1%，最少收取10元，当日开始计算，每日万分之五
广发银行	400元以上2.5%取现手续费，最低10元，手续费及本金计算万分之五利息

续表

光大银行	2.5%，最低 10 元，从取现当天开始，本金加手续费每天万分之五利息
兴业银行	2%，最低 20 元，取现当日开始计算，每日万分之五。网银转到储蓄卡取现，可最低达卡额度 50%，最高可申请调到 100% 取现
华夏银行	SMART 取现不收手续费，取现当日计算，每日万分之五。其他取现 1% 手续费，取现当日计算
民生银行	本行 0.5%，跨行 1%，最低 1 元
平安银行	2.5%，最低 25 元，取现当日开始计算，万分之五
上海银行	2%，最低 30 元，取现当日开始计算，万分之五

【知识导读】总按最低还款额还款，你可亏大了

信用卡消费了之后，到了账单日时，你会收到银行发给你的电子账单或纸质账单。其中有两个金额，我们要记一下，一个是本期应还金额，另一个是最低还款额。上面会清楚地告诉你本期账单的最低还款额和本期账单的全额还款，以及本期账单的账单日和本期账单的还款日。

一般来说，正常持卡用户，都是根据银行的账单提醒，在最后还款日前，做全额还款。当持卡人面临还款压力，不能全额还款时，就可以优先选择最低还款额进行还款。持卡人只要在还款期内还了最低还款额，银行就认定为按时还款，不算逾期。这样，就不会影响你的个人信用，这也是信用卡的一大好处。当你按照最低还款额还款后，也就意味着不能再享有免息了。

一、全额还款

全额还款是指持卡人在还款日（含还款日当日）前偿还全部应付款项，可按发卡行的规定进行一定时间段的免息，享受免息还款期待遇。一般信用卡会通过电子邮件或者纸质账单告知本期账单全额还款额（本期还款总额）。

全额还款额的计算公式为：全额还款额 = 信用额度内消费款 + 预借现金交易

款的和。在到期还款日前全额还上"全额还款额",利息不计收。不会影响到个人的信用。但预借现金不享受最低还款。

二、最低还款额

目前,绝大部分银行已经设置了最低还款额度。最低还款额度为欠款总额的10%,最低还款额度会显示在当期账单上。持卡人到了账单日会收到银行的账单。账单上有两个金额要格外注意:本期应还金额和最低还款额。一旦消费超出了偿还额度之后,你可以选择按最低还款额度还款。当然,选择最低还款额度时也要注意以下三点:

1. 最低还款额

指的是持卡人在到期还款日前,偿还全部应付款项有困难的,可按发卡行规定的最低还款额还款,但无法享有免息还款待遇,最低还款额为消费金额10%加其他各类应付款项。最低还款额列示在当期账单上。

2. 最低还款是需要付利息并且不算全额还款

最低还款额计算方法:最低还款额=上期账单最低还款额未还款部分+本期账单透支余额×10%。如果你在到期还款日(含当日)前按最低还款额还款的话,发卡机构按每日万分之五计收透支利息。

3. 计算方式

小王过年的时候出国旅游,用信用卡刷了3万元。上个月账单出来,因为手头紧,就选择了最低还款,先还了10%。

小王想着日息万分之五,晚一个月还也就100元,没想到这个月账单出来,一下子多了近900元利息。

信用卡按照最低还款额来还款,不会在征信上产生逾期记录,但同时,持卡人当期账单上的所有款项都不能享受免息还款期待遇,需按每日万分之五计收自银行记账日起至还款入账的前一天为止的透支利息。

小王的信用卡账单日是5日,还款日是25日。他2月15日消费的3万元计入了 3 月 5 日的账单，如果在 3 月 25 日全额还款，银行不计利息，共能享受 38 天免息期。

但小王选择了最低还款 3000 元，不仅剩余的 27000 元每天会产生万分之五的利息，就连之前的免息期也会变成非免息期，产生利息。

所以小王 4 月 5 日看到的账单上的利息是这样的：

首先计算消费金额在非免息期产生的利息，也就是从消费当日到还款日产生的利息，即 30000 元 ×0.05%×49 天（2 月 15 日～4 月 5 日）=735（元）。

其次是剩余未还的金额在账单还清之前产生的利息，即 27000 元 ×0.05%×11 天（3 月 25 日～4 月 5 日）=148.5（元）。

利息合计达到了 883.5 元。大部分人和小王一样以为信用卡最低还款只用支付第二部分利息，其实第一部分才是大头。

最低还款看起来很美，其实是个"坑"，选择最低还款前一定要三思而后行。如果真的账单金额较高，最好是选择办理分期，虽然有手续费，但是相比全额罚息，成本还是要低得多。

也就是说，如果持卡人一旦选择利用最低还款额偿还欠款，将不再享有 20～50 天的免息期，且需要承担每日万分之五的利息，并按月计复利还款。

那如果没还够最低还款额有啥后果？这个问题就比较严重了，最低还款额未还部分要支付违约金，同时还会影响个人信用报告（见表 5-11）。

表 5-11 各种还款方式的相关规定

还款金额	消费透支利息	违约金	催收和信用不良记录
全额还款	不收	不收	不会
最低还款额以上	收	不收	不会
少于最低还款额	收	收	会

【知识导读】信用卡分期那些事

在消费金融大繁荣的今天，信用卡分期产品因其操作便捷等特性，越来越受到大众的欢迎。很多发卡行都推出了自己的分期产品。目前市面上比较流行的分期产品主要有账单分期、灵活分期、大额分期、现金分期、POS 分期等。

一般在办理账单、灵活分期和 POS 分期时，大多数银行只需持卡人的主卡状态正常，且金额达到分期金额最低要求即可。办理现金分期、大额分期等业务时，还会要求持卡人的用卡信用记录良好且当前还款无逾期。随网络技术的不断发展，分期业务的办理渠道也呈现更多元化（见图 5-20）。

图 5-20　多元化的分期业务办理渠道

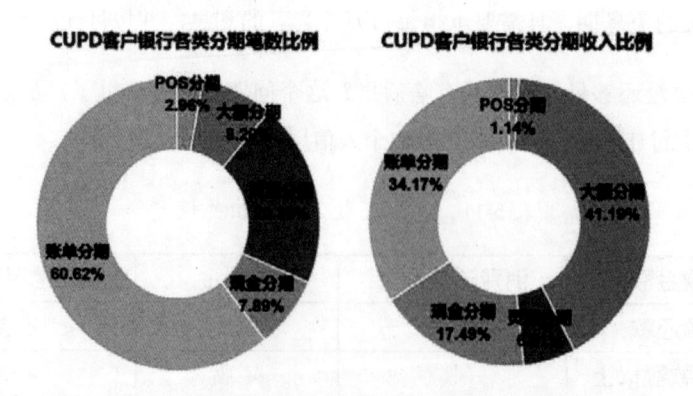

图 5-21　CUPD 客户银行各类分期笔数及收入比例

根据图 5-21 有关 CUPD 客户银行各类分期笔数及收入比例数据图，我们发现，账单分期的交易笔数占比最高,超过六成。在各类分期产品收入占比方面,大额分期最高,为41.19%,其次为账单分期,为34.17%。

分期还款的金额由本金和分期手续费两部分构成,还款方式通常是本金和手续费按期数平均分摊。

说到分期手续费,还有一个相关的概念——分期年化利率。从业人员可以通过计算分期产品的年化利率,统一市场上分期产品的比较口径,是一项很实用的技能。

以最常见的还款方式为例,即按期平均摊销手续费和本金,一笔本金6000元、每期手续费率为0.7%、分为6期的分期产品,年利率该如何计算呢?

不少人认为将每期的手续费率简单的乘上12就是一年的利率,其实并不正确。实际上,因为持卡人每个月都在还款,但每期手续费却是一直按照分期总金额收取的,因此实际年利率会更高。

为了准确计算分期付款的实际利率,需要引入期初金额(pv)、每期还款额(pmt),每期利率(r)和还款期数(t)四个概念。顾名思义,期初金额是办理的分期总金额,每期还款额是每期分摊的本金和每期手续费之和。

当有多期存在时,利率应当按照复利计算。当把各期还款额和期末金额都换算成期初金额后,可以写出如下等式:

$$pv = \frac{pmt}{(1+r)} + \frac{pmt}{(1+r)^2} + \cdots + \frac{pmt}{(1+r)^{t-1}} + \frac{pmt}{(1+r)^t}$$

将分期产品的期初金额、每期还款额和还款期数依次代入上述公式,就能得到每期的实际利率(r)了,再乘上12,就得到了实际的年化利率。

当然,以上是介绍分期产品年化利率的计算原理,在实际应用中我们大可以借助软件,如Excel就提供了rate函数来计算年化利率。需要注意的是,因为是还款,所以每期的还款金额要加上负号。

依旧是前文中的例子，我们可以通过这个实际利率的计算公式计算出其分期产品的实际年利率为 14.26%，而不是仅仅通过"0.7%×12=8.4%"这一算式得出的结果。

有了分期年化利率的计算方法，大家就可以尝试去计算市面上主流的分期产品。事实上，相比卡量规模较大的全国性银行，区域性银行想要实现收入的弯道超车，可以更多在产品定价上做文章，结合当地市场情况以及客群特点，差异化定制分期产品利率策略，尤其是对于优质客群或存量客户中综合表现良好的客户可以设计利率更优惠的分期产品，以快速抢占一定的市场份额。以常见的账单分期为例，相比发卡银行招行 15% 左右的年化利率，浙江、云南和贵州的部分银行就将年化利率控制在 10% 以下，表现出了不俗的市场竞争力。

除了刚踏足社会的大学生和算数不太好的朋友，一般人应该尽量避免"信用卡分期"，因为这是一个收费很高的陷阱。

如果还款日到了却没钱还。针对这个问题，我查了十家主流信用卡的利率，对比了一下网上借钱的代表性平台，如阿里借呗、京东金条、微信微粒贷等，得出了表 5-12。

表 5-12 信用卡发卡行分期月手续费率和实际年化利率

信用卡发卡行	分期月手续费率	实际年化利率
工行	0.33%	7.30%
建行	0.60%	13%
农行	0.60%	13%
交行	0.72%	15.60%
中行	0.72%	15.60%
招行	0.66%	14.30%
广发银行	0.72%	15.60%
中信银行	0.73%	15.80%
光大银行	0.80%	17.20%

续表

花旗银行	0.76%	17.50%
阿里借呗	日利率万分之四	14.50%
京东金条	日利率万分之四	14.50%
腾讯微粒贷	日利率万分之五	18.25%

综上我们可以了解，微粒贷的实际年利率已达到 18% 以上。所以不要借微粒贷来还信用卡，得不偿失。

在这些银行中，大银行的分期利率普遍较低。比如建行、农行都在 13%，招行也只有 14.30%，比阿里借呗和京东金条都要便宜。

我想说，工行经常有利率优惠，不管是分一年还是两年，实际的年化利率只有 7.30%，不到其他银行的一半。

所以你的信用卡如果是工农建招这样的大银行，可以直接打电话给客服做账单分期。如果是工行这样慷慨的银行，就得多分期、常分期。

另外，现在分期业务竞争很激烈，银行经常会给优质客户打电话，给出更低的分期利率来。大家存好这张表，接到电话时对比就明白了。

【知识导读】过了最迟还款日还款，肯定逾期上征信了

有很多人疑惑，信用卡在还款日之后一两天，算逾期吗？会对个人征信造成影响吗？因为这种情况很多人都遇到过，有的是因为忘记了；有的则是因为当时手头上的资金紧张。一般出现这种情况的人，只是逾期几天很快就还上了，但还是会担心影响到个人征信，害怕对自己以后的贷款产生影响。

到底逾期几天会上征信系统呢？

一、逾期的三个标准

1. "容时"逾期，需及时补救

生活中有很多人以为在最后还款日如果忘记还款，就会立刻上黑名单。其实，这是不了解"容时"的概念。"容时"逾期指在还款日到期当天，若持卡人未及时还款，银行会给其一个宽限时间，在宽限时间内未还款，银行不会罚息也不会上传征信。

但若超过了宽限期仍没还款，就可能上传征信系统。与此同时，不同的银行的宽限期也不一样，很多银行的宽限期只有三天。

2. "容差"逾期，容忍的小额度逾期

有的银行对少还几块钱的信用家，还是给予一定的包容政策，也就是常人说的容差。容差指持卡人当月还款不足时，到还款日后，账户里未还清部分小于一定金额，可以视为持卡人全额还款，未还款部分自动转入下期账单。

像这样的情况不会记入不良信用报告，通常来说，容差金额都在 10 元内，每个银行的容差政策也不一样。

3. 所谓的"连三累六"

不少人听说过"连三累六"说辞，"连三累六"其实是"连三"和"累六"的融合，就是连续三次累计六次逾期还款。

"连三"和"累六"都属于很严重的信用问题。银行和小贷款公司会把有这两种情况的人划入到"问题客户"中，也就是我们俗称的"黑名单"，如果被划入，那对这个人今后的借贷业务会不利。

不管出现什么情况，如果你忘记还款，一定要想法及时归还。每个银行的容时容差政策都不同，你要想法了解你所在银行政策，再做打算。

表 5-13　银行逾期记录规则整理表

银行	容时期限	到账时间	何时计息	何时上征信
工商银行	/	/	还款日	还款日
农业银行	2 天	21:00 前	过了容时期限	过了容时期限
中国银行	普卡 3 天 金卡 6 天	/	过了容时期限	下个账单日

续表

建设银行	3天	7:00 前	过了容时期限	过了容时期限
交通银行	3天	21:00 前	过了容时期限	过了容时期限
招商银行	3天	24:00 前	过了容时期限	过了容时期限
中信银行	3天	20:00 前	过了容时期限	过了容时期限
浦发银行	3天	20:00 前	过了容时期限	下个账单日
广发银行	3天 一年享一次	/	过了容时期限	下个账单日
民生银行	3天	17:00 前	过了容时期限	过了容时期限
光大银行	3天	/	过了容时期限	过了容时期限
华夏银行	3天	/	过了容时期限	下个账单日
平安银行	3天	/	过了容时期限	下个账单日

从表 5-13 我们可以看到，工行是最严格的，其实不管你是否持有工行信用卡，我都劝大家一定要按时全额还款，千万不要上征信。

也许有人说："如果信用卡错过最后还款期限呢？"

我想说的是，只要你背上逾期的后果，你的信用值就无法回到当初了。所以，能不逾期尽量不要逾期。如果错过了还款日，你也不要过于担忧，你可以对照表 5-14 采取相应措施。

表 5-14 逾期之后的处理办法

发生情况	逾期一两天	逾期超过容时期	有了不良记录
案例说明	在还款日后一两天内发现	已经超过银行规定的容时期限	已经进入征信报告
解决方法	各银行容时政策不同，要根据所持信用卡银行的政策而定，尽量在容时期内还款	积极与银行联系，说明未还款原因，强调不是恶意拖欠，并承诺立即还款	有了不良记录，先还清欠款，多刷卡，多用卡，并保证按时还款，慢慢覆盖记录

总的来说，我建议大家在使用信用卡时，一定要理性规划，量力消费。在每

月都要设置还款提醒，做到按时还款，这样才能提高你的信用积分。不但如此，你还要清楚每笔进出账、还款等，若从中发现污点，一定要第一时间解决问题。

【知识导读】不还款？滞纳金、违约金双管齐下

用过信用卡的人都知道，信用卡每一期账单不光有一个当月还款额度，还另外有一个最低还款额，如果本期还款额度低于最低还款额度，银行会收取滞纳金。这是2017年7月以前的规定。后来央行取消了信用卡滞纳金，改为由银行收取"违约金"。

但是从违约金的收取比例和金额上看，其实和之前的滞纳金是一样的。有区别的是，滞纳金比例是统一的，具有较强的行政强制色彩；而违约金是平等主体间的民事责任形式，可以由持卡人和银行协商收取标准。从收费方式来看，取消滞纳金改为收取违约金对持卡人是利好，它避免了欠款越滚越大的情况。

那么，违约金到底怎么收取呢？

以广发银行为例，是按照你在银行信用系统的"靠谱值"阶梯收费的，如果你的靠谱值≥750，那么，最低起步收取10元；750＞靠谱值≥620；最低收取20元，靠谱值＜620，最低收取30元。

此外，广发银行还规定，如果用户连续两月以上未按时归还最低款项，那么违约金的收取标准将提高至6%。

每个银行对违约金的收费情况都有不一样的规定，多数银行都把违约金收费标准定为最低还款额未还部分的5%；同时，对于最高收费额或最低收费额则有不同的规定。打个比方：工商银行的违约金收取规则是按照最低还款额未还部分的5%收取，最高收费额为500元，而华夏银行的最高收取额为2000元等等。

表5-15为部分银行违约金收取标准明细，以做参考。

表 5-15　银行违约金收取情况对比

银行	收取规则	最低收费额	最高收费额
农业银行	银行可与持卡人协议约定收取违约金，最低还款额未还部分的 5%，费用一次性收取	1 元	未设限
工商银行		未设限	500 元
建设银行		5 元	未设限
交通银行		10 元	未设限
招商银行		10 元	未设限
民生银行		10 元	未设限
中信银行		20 元	未设限
兴业银行		20 元	未设限
华夏银行		未设限	2000 元
具体标准以各银行官网为标准			

虽然信用卡新政以违约金代替了滞纳金，但是并不表示持卡人能随意逾期，也就是说，逾期非常影响个人信用记录。逾期和欠款一样会产生利息。

要注意的是，如果你忘记还款或延迟还款，一定要给银行打电话咨询相关情况，以免产生违约金和滞纳金。当你想起还款时只还未还部分，也会产生其他费用和逾期风险。有的银行超过宽限期后会产生滞纳金和违约金，这时你也要打电话进行协商。总而言之，当你在使用信用卡过程中出现任何不懂的情况，都可以向银行电话咨询，争取得到银行理解。

作为持卡用户，应保持良好的用卡习惯，注意还款时间，及时还款。

在合适的地方当钱用：玩转信用卡积分和权益

信用卡的积分重要性不言而喻，积分就等于钱，信用卡积分是银行给予刷卡人消费的鼓励回馈，持卡人只要有消费并满足某个额度，银行则会给予相应的积分。持卡人可以使用积分在信用卡积分商城里兑换商品，也可以在银行合作的商户里抵扣现金。信用卡积分商场大多是实物礼品，品类齐全，种类丰富，包括家居用品、家用电器、母婴产品、数码产品、生活必备品等，应有尽有，完全不亚于一个电商。如何快速获得积分，如何将积分价值最大化变现，如何掌握积分相关的各项规则等，都是需要我们了解的内容。

【知识导读】积分当钱用，积分到底值多少钱

信用卡积分可以赚钱，但是很多人并不太清楚自己手上积累的积分到底值多少钱？兑换什么礼品性价比最高？怎么刷卡用卡才能让自己快速积累积分？让我们就了解一下信用卡积分的奥秘。

会利用信用卡的人都有这样的一个公式，即：信用卡积分＝用卡的回报率＝人民币。也就是说：积分就是钱。

一、我们应该怎么玩积分

玩积分主要有两个指导原则：

积分的目的是降低持卡用卡成本；能赚现金优先选择现金。

总的来说，就是使积分价值最大化。在这里建议大家按照下面的优先级来使用积分：

1. 兑换年费；

2. 联名卡兑换合作方点数／刷卡金；

3. 兑换通用刷卡金；

4. 兑换酒店积分或航空里程；

5. 兑换商城商品。

曾经有位女士使用招行经典白金卡积分，优先兑换了 3600 元的年费，其余才考虑机票等优惠券。其他人就问她："都说兑换里程才能让积分价值最大化，刷卡金和里程哪个更好？"

有的人觉得航空里程价值比刷卡金价值高，但我认为航空里程的流通性和易用性都比不上现金，因为机票可以用钱买，但里程换现金则需要寻找另外的收购渠道，这个市场不是很完善，需要花费大量精力，冒一定的风险。所以我建议大家优先选择现金。

当然这也不是绝对的，可以根据具体卡种再分析。

二、怎样评估积分的价值

一般来说，我们都希望换单位价值最高的礼品，而银行总希望我们换单位积分价值最低的礼品。

举个例子：招行的商城上Sandisk16G U盘售价为4690积分（见图5-22）。在网上商城上，它的价格为69.9元。我们都知道，招行积分获取是20∶1，也就是说，我们要消费93800元之后，才能用积分换U盘，回报率是0.0745%（69.9/93800）。

图 5-22　招行的商城上的 Sandisk16G U 盘

招行的积分商城里，很多实体物品的回报率均小于 0.15%，交行稍微好一些，回报率是 0.25%。这个回报率就是银行希望我们兑换的礼品回报率。

银行通过积分过期、提供大量低回报率积分礼品等方式，让大部分用户的积分以低成本的方式消耗。由于大部分用户并不理解里程兑换的价值，所以兑换里程的人较少，现在银行暂时没有提高里程兑换的价格。

三、用积分兑换里程

表 5-16 积分兑换里程明细

航司	银行	卡种	比例
南航	广发	白金 金卡	7：1 14：1
	兴业	白金	8：1
	中信	白金 金卡 普卡	10：1 15：1 18：1
	建设	白金 金卡	14：1 15：1
	工商	联名	15：1
	招商	联名	15：1
	农业	白金 金卡	13：1 15：1
海航	中信	白金 金卡	10：1 15：1
	民生	豪华白金 标准白金 金卡	10：1 15：1 18：1
	中国	联名卡	12：1
	建设	白金 金卡	14：1 15：1
	农业	联名	15：1
	工商	联名	16：1
	中国	联名	18：1
国航	民生	无线 豪华 标白金卡	6：1 10：1 15：1 18：1
	广发	白金 金卡	7：1 14：1
	中信	世界 白金 金 普卡	8：1 10：1 15：1 18：1
	建设	白金 金卡	12：1 15：1
	中国	白金 金卡	12：1 18：1
	工商	联名	15：1
	招商	联名	18：1
东航	中信	无线 白金 金卡 普卡	8：1 10：1 15：1 18：1
	交通	白金 金卡 普卡	10：1 12：1 15：1
	广发	钛白金卡	10：1 14：1
	民生	豪华白 白金 金卡	10：1 15：1 18：1
	浦发	白金 钛金 金卡	12：1 14：1 15：1
	建设	白金 金卡	12：1 15：1
	农业	联名	15：1
	工商	联名	18：1
	招商	联名	18：1

很多人都听说过积分兑换里程才能实现价值最大化。原因是什么?

因为通过里程买卖能提升积分收益率。一般信用卡积分价值回报为 0.2%,即刷卡 1 万赠送 1 万积分,大概价值 20 元,而通过积分兑换里程,可以将收益率提升至 0.6% 至 0.8%,所以积分一定不要用来浪费在喝星巴克咖啡或兑换礼品上面。

积分兑换里程的收益有个平衡点:刷卡 1 万得到 1 万积分,手续费 0.6%,即刷卡成本为 60 元,1 万积分可以兑换 1000 里程,兑换比例是 10 : 1,刚好是可以覆盖掉刷卡成本的。这个比例越小越好,大于这个比例就覆盖不了成本了。

如果你手里有联名卡,建议你尝试兑换里程享受免费坐飞机。如果是非联名卡,也可以尝试按照表 5-17 兑换

表 5-17 非联名卡积分价值

银行	卡种	最佳兑换	兑换比例	兑换上限	每万分价值	积分合并	兑换渠道
工商银行	非联名卡	话费/油卡	500 : 1	无上限	20 元	自动合并	融 e 购 APP
建设银行	汽车卡	油卡	250 : 1	无上限	40 元	单独积分,不可合并	信用卡积分商城
建设银行	非联名卡	油卡	540 : 1	无上限	18 元	自动合并	信用卡积分商城
中国银行	非联名卡	南航里程	30 : 1	30 万里程/年	29 元	手动合并	缤纷生活 APP
中国银行	非联名卡	京东钢镚	450 : 1	200 钢镚/月	22 元	手动合并	缤纷生活 APP
农业银行	非联名卡	南航里程	20 : 1	10 万里程/年	44 元	手动合并	农行 APP

续表

交通银行	白麒麟	南航里程	18：1	30万里程/年	50元	手机银行可合并	买单吧APP
	莲花/万家/乐购卡	刷卡金	200：1	6000元/年	50元		
	沃尔玛卡	刷卡金	100：1	1000元/年	100元		
	非联名卡	话费	60：1	无上限	18元		
招商银行	非联名卡	星巴克	799：1	无上限	21元	自动合并经典白超过5万里程/年兑换比例变为3:2	星巴克门店
	经典白	南航里程	3：4/3：2	20万里程/年	58元		致电客服申请
	百夫长/钻石白	南航里程	3：4	无上限	58元		
广发银行	商旅白金/留学生	南航里程	20：1	1万里程/月	44元	兑换时手动合并	信用卡积分商城
	非联名卡	南航里程	30：1	15万里程/年	29元		
中信银行	年费白金卡	南航里程	25：1	15万里程/年	35.2元	兑换时手动合并	动卡空间APP
	免年费白金卡	南航里程	50：1	3960元/年	17.6元		
	其他卡	话费	110：1	10万里程/年	9.4元		
浦发银行	AE白	南航里程	12：1	5万~6万里程/年	73元	自动合并	喜大普奔APP
	其他卡	南航里程	60：1	无上限	15元		

续表

银行	卡种	类型	比例	上限	费用	合并方式	兑换渠道
平安银行	非联名卡	话费	500：1	500元/月	20元	网银手动合并	口袋银行APP
	旅游白	回馈金	100：1	12万里程/年	100元	单独回馈	自动到账
兴业银行	非联名卡	南航里程	25：1	3000元/年	35.2元	手动合并	信用卡积分商城
	新车友白金卡	加油金	400：1	3万里程/年	125元	单独积分，不可合并	
民生银行	金普卡	南航里程	20~45：1	5万里程/年	36.5元	自动合并，金普卡1万内标白2万内豪白5万内20:1，超过45:1，每次150元续费	信用卡积分商城
	标准白金	南航里程	20~45：1	10万里程/年	48元		
	豪白	南航里程	20~45：1	无上限	73元		
光大银行	非联名卡	京东/苏宁卡	1300：1	10万里程/年	7.7元	自动合并	信用卡积分商城
华夏银行	非联名卡	国航里程	16：1	无上限	33元	自动合并	微信公众号
花旗银行	礼程卡	南航/新航里程	1：1	无上限	73～83元	单独积分	信用卡积分商城
	礼享卡	南航/新航里程	36：1	无上限	24.5～27.8元	单独积分，兑换手续费50元	

续表

汇丰银行	生活卡	爱奇艺季卡	29000∶1	无上限	20元	单独积分	信用卡积分商城
	旅行卡	亚万里程	12∶1	无上限	67元	单独积分	
邮储银行	非联名卡	Costa咖啡	300∶1	无上限	10元	手动合并	信用卡积分商城
上海银行	非联名卡	集分宝	7.5∶1	7.5万分/日	13.3元	自动合并	信用卡积分商城
北京银行	非联名卡	国航里程	18∶1	无上限	31元	单独积分	致电客服申请

大家可以把手里的积分按表格内容全部进行兑换，这样对信用卡的积分价值才有充分认识。很多人对里程变现很感兴趣，但是它有三大难点：

（1）里程的价值受很多因素影响，如出行时段、日期。

（2）里程很难换机票出售。里程机票出售转让，你得了解"处卡"和"受让人"两个概念。

××航处卡就是新注册的航司会员卡，航司会员卡为受让人提供订票、换票等业务，里面的积分里程也可以给受让人享用。

里程换机票其实就是为你的受让人换机票，即添加受让人，为其订票，然后受让人再通过其他方式把费用结算给你。

受让人添加会受到"处卡"的影响。如果你是"处卡"，符合三飞条件之后，添加进去的受让人可以立马订票、换里程票。若不是"处卡"，添加受让人需要经过一个等待期，南航的等待期是30天，国航的等待期是60天。

所以，里程交易起来很复杂，一旦添加过受让人，你的卡就需要等待很长时间来进行新的交易。

（3）交易存在风险，需要承担交易对象的违约成本。即使有人想交易里程票，你也愿意交易，那你也无法保证别人一定会付款给你。

四、生日月和生日当天的多倍积分表

每年的生日月及生日当天，各家银行都会为持卡人送上多倍积分的奖励（见表5-18）。作为持卡人，如何用信用卡消费，才能在生日月取得最多的积分呢？我们汇总了各银行生日月的多倍积分情况供大家参考，帮助大家刷最少的卡，拿最多的积分。

表 5-18 部分银行信用卡生日多倍积分汇总表

银行	信用卡卡种	主附卡	当天倍数	当月倍数	上限	备注
工商银行	星座卡	限主卡	10倍	/	5万分	消费5000元拿5万积分
	王俊凯卡			/	10万分	王俊凯生日+本人生日当天享受10倍积分，上限各5万（此卡已停办）
农业银行	所有卡	限主卡	2倍	/	5-20万分	白金卡20万分/其他卡5万分
	受邀客户		2-10倍	/		
邮储银行	金卡	主附卡	2倍	/	不限	
	白金卡	限主卡	/	2倍		
交通银行	所有卡（联名卡、公务卡等除外）	共享	5倍	/	10万分	指定餐饮娱乐类商户消费
	白金卡	共享	/	2倍	100万分	生日当月2倍积分与生日当天5倍积分可叠加，东航白金上限80万分，国航白金上限30万分

续表

招商银行	高端卡（经典白/AE白/无限卡）	主附卡	10倍	/	1万分	经典白需报名
	YOUNG卡/微博卡/GQ卡/海贼王卡	限主卡	/	2倍	2000分	
广发银行	所有卡	限主卡	/	2倍	10万分	DIY卡当月叠加为4倍
兴业银行	标准白金	主附卡	4倍	/	10万分	淘宝卡除外
	其他卡		2倍	/		
华夏银行	所有卡	限主卡	2倍	/	50万分	生日当天及前后各三天
光大银行	白金卡及以上	限主卡	/	3倍		
	金/普卡		/	2倍		
平安银行	标准白金	主附卡	/	5倍	100万分	超市类商户最高15000分
浦发银行	加速白/加速金	限主卡	3-10倍	/	无上限	可订购叠加倍数
民生银行	所有卡	共享	3倍	/	固额两倍	
北京银行	所有卡	限主卡	2倍	/		
东亚银行	金卡	限主卡	3倍	/		
上海银行	白金卡	限主卡	5倍	/		
花旗银行	礼享卡	共享	5倍	/	5万分	除海外和餐饮类消费
汇丰银行	生活卡	限主卡	/	/	4000分	消费超过1000元奖励

第5章 申卡有道，用卡有方

【知识导读】 日常享美食/观影/加油优惠，出行享延误赔付权益

一、信用卡美食权益

炎炎酷暑，利用浦发信用卡积分可以直接兑换哈根达斯、星巴克咖啡、必胜客美食，这次活动非常适合积分变现，手里囤着的积分总算有变现方法了（见图5-23）。

图 5-23　积分可以直接兑换哈根达斯

除上述浦发银行积分兑换美食，其他各家银行活动也非常丰厚。比如中信银行也有不定期推出9积分享兑活动，每日上午10:00，兑换活动涵盖星巴克、必胜客、百果园等品牌。还有光大银行针对瑞幸、喜茶、必胜客、肯德基、麦当劳、哈根达斯、百果园等品牌也推出了各种抢兑优惠。

二、信用卡观影权益

除了美食的一些权益外，电影票权益在近两年也广受欢迎（见表5-19）。

表 5-19 部分银行信用卡观影权益汇总表

银行	兑换要求	优惠	兑换时间	兑换规则
光大银行	无	10元购票	每周六	在指定影院仅刷10元或至"阳光惠生活"购买电子券
		40元减30元观影权益	每周三/五	登录"阳光惠生活"APP进入活动页面，每月1次
邮储银行	无	9元观影活动	每周六	大众点评、美团APP线上完成邮储信用卡绑定美团支付即可
汇丰银行	当月累计积分消费满人民币2888元或等值美元	9元购票	每天	消费达标，次月可享2次9元优惠价购买
中信银行	任意消费9天可获得1个9分享兑权益	9分享兑	每天	满足消费权益兑换，数量有限
	满额立减优惠	满39元减9元	每周六/周日	常规电影购票优惠39元立减9元
		满49元减19元		精选热门大片满49元立减19元
农业银行	无	18000积分起兑换	每天	万达院线全国指定门店使用农行信用卡兑换即可
浦发银行	浦发银钻卡享免费抽奖	观影年卡、免费观影券、10元观影券、观影抵扣金等等	每天	浦发银钻每日可免费抽奖1次，金钻以上可每日抽奖2次
上海农商银行	无	10元观影	每周五/周六	猫眼APP在线购票，通过"银联支付"通道使用"上海农商银行信用卡"支付即可
招商银行	无	5折观影	每周五	掌上生活APP-精选-影票-周末半价
民生银行	无	6元观影	每周五/周六	民生信用卡APP-精选-惠买单-惠看
泰隆银行	每月消费1200元	满30减20	每天	每月优惠2次，先到先得

156

三、信用卡车主权益

针对有车一族，各银行也是配足了加油、洗车、停车、代驾、车险等权益。限于篇幅，本节内容仅展示加油优惠权益作为参考（见表5-20）。

表5-20 部分银行信用卡加油权益汇总表

银行	卡种	活动规则	优惠详情	上限
建设银行	汽车金卡	25000积分兑换100元加油卡		4000元/年
交通银行	任意卡	上月累计消费满3000元+上月有1笔支付宝或微信支付，每周五指定加油站	返现5%	25元/周 100元/月
	标准白金卡	上月累计消费满3000-10000元+上月有1笔支付宝或微信支付，每周五指定加油站	返现10%	25元/周 100元/月
		上月累计消费满10000元以上+上月有1笔支付宝或微信支付，每周五指定加油站	返现10%	50元/周 200元/月
中信银行	车主金卡	每自然月交易满3笔399元记积分消费，总计积分消费满3999元	返现8%	80元/月
	车主精英白	每自然月交易满3笔399元记积分消费，总计积分消费满5999元	返现10%	100元/月
广发银行	车主卡（限车主卡/车主精英白金卡主卡）	"发现精彩APP→6%加油返现报名专区"报名，当月非加油类计积分消费1000以上	返现6%	50元/月
	国寿奕驾卡（臻享白金卡）	当月计积分消费满3000元	返现12%	120元/月
平安银行	车主卡、以及其他白金	每月4笔388元及1笔快捷支付，加油88折	8.8折	60元/月

续表

北京银行	乐驾金卡	每账单月加油类消费满1000元，次账单月自动兑换25元加油金		25元/月
	乐驾白金卡	每账单月加油类消费满1000元，次账单月自动兑换50元加油金		50元/月
招商银行	汽车卡	当月计积分消费满1000元，平日3%，周五5%	返现3%/5%	50元/月
民生银行	车车金卡	当月计积分交易满1500元+3笔银联云闪付	返现5%	50元/月
	车车标准白金卡	当月计积分交易满2500元+3笔银联云闪付	返现8%	100元/月
	车车豪华白金卡	当月计积分交易满3000元+3笔银联云闪付	返现15%	200元/月
	车车钻石卡	当月计积分交易满6500元+3笔银联云闪付	返现100%	500元/月
	石油联名卡	当月计积分消费满2500元+3笔银联云闪付	500减50	50元/月
华夏银行	畅行白金卡	当月非加油类计积分消费1000元，指定MCC	返2%加油金	20元/月
	畅行尊尚白	当月非加油类计积分消费2000元，指定MCC	返6%加油金	60元/月
工商银行	爱车Plus卡	持卡人每周末（周六和周日）在全国超过2万家中石油加油站持爱车Plus卡加油	返现6%	20元/周 100元/月

四、信用卡出行延误赔付权益

前面章节有详细介绍出行的接送机、里程、贵宾厅等权益，本小节不再展开。对于经常出行坐飞机的用户来说，最头疼的莫过于飞机延误了。日常延误，除了购买机票时，可购买保险公司延误险以外。很多银行信用卡是自带延误赔偿的，具体划分的特别细，可参考表5-21。

表 5-21 部分银行信用卡出行延误赔付权益汇总表

银行	卡种	前置条件	里程票	起赔时间	年赔付限额
中国银行	顶级卡/高端卡	无需购票	赔	1小时50元+2元/分钟	3000元
	白金卡			2小时50元+1元/分钟	1000元
	金卡/普卡			3小时50元+1元/分钟	500元
光大银行	商旅金/小米/航班高铁管家/交年费的高端卡都有	无需购票	赔	2小时定额赔付300元	900元
建设银行	钻石卡/智尊卡	无需购票	赔	4小时2000元，依次类推	10000元
广发银行	航空联名卡	无需购票	赔	4小时每人餐费100元+日用品300元（需提供发票）	无限
	臻尚白金卡和至尊精英系列卡		赔		
浦发银行	美运白金 靠浦飞	无需购票	不赔	2小时最高1500元	1500元/月
工商银行	白金卡/航空联名卡/公务卡/商务卡	本卡支付	赔	4小时定额赔付500元	5000元
招商银行	无限信用卡 钻石信用卡 百夫长白金卡	本卡支付	赔	3小时定额赔付500元 每超过1小时增加200元 8小时封顶最高4000元	无限
	经典版白金卡 精致版白金卡 银联白金卡 全币种国际卡			3小时定额赔付500元 每超过1小时增加200元 8小时封顶最高2000元	
兴业银行	行标白/行悠白/兴享白/兴承世家白	本卡支付	赔	4小时定额赔付600元	3000元
	钻石卡/白金卡/钛金卡		不赔	出发/转机地食宿/交通/电话费报销，不超过5000元	5000元

续表

上海银行	钻石卡（无限卡）	本卡支付	赔	2小时定额赔付2000元	无限
	钻石卡			2小时定额赔付1000元	
	白金卡			2小时定额赔付500元	
	精致白/联名白金			3小时定额赔付500元	
建设银行	尊享白金卡	本卡支付	不赔	4小时1000元，依次类推	5000元
	白金卡/金卡			4小时200元，依次类推	2000元
	普卡			4小时200元，依次类推	1000元
交通银行	标准白金卡等（不包括优逸白）	本卡支付	不赔	每人每次延误赔付金额不超过该笔购票金额的50%，2小时最高500元，4小时最高1000元	2000元
中信银行	无限卡等顶级卡	指定渠道购票&本卡支付	不赔	2小时最高5000元	无限卡/钻石卡/御尊卡无上限 其他卡每月2次每年度最多10次
	白金卡			2小时最高1000元 4小时最高2000元	
	免年费政策类白金卡			2小时最高1000元，上月计积累交易达3000元之日起，此月月底前可享受	
	金卡/普卡			4小时最高1000元	
浦发银行	美运白金/超白	本卡支付	不赔	4小时600元，依次类推	5000元
平安银行	钻石卡	本卡支付	不赔	2小时最高6000元	无限
	标准白金卡&百夫长白金卡			2小时最高2000元	
	精英白金卡/腾讯视频/爱奇艺、			2小时定额赔付800元	

续表

民生银行	百夫长（黑金/白金）/无限/世界之极/钻石/豪华白/精英白	本卡支付	不赔	2小时定额赔付1000元，4小时报销1000元	无限
花旗银行	礼程卡	本卡支付	不赔	3小时定额赔付1000元	无限
渣打银行	臻程白金	本卡支付	不赔	4小时400元，8小时800元	2400元
汇丰银行	卓越理财旅行卡&旅行卡	本卡支付	不赔	3小时最高1500元	7500元

当然，信用卡的权益远不止上述这些，还有不少的细节知识，如果读者需要了解可关注公众号"51卡管家"，在后台回复"信用卡"就可以获取。

第 6 章

告别现金消费时代：
虚拟信用卡、移动支付

　　信用卡的使用给生活中带来了很多的便利，但是各种卡片已经渐渐地占据了你的钱包，并且埋下了不少的安全隐患。随着互联网信息的发达，虚拟信用卡业务被相继推出，各银行都能办理相应的虚拟信用卡业务。虚拟信用卡可以让我们更加安全地在网上使用信用卡，避免泄露个人隐私信息。

无卡时代的召唤：虚拟信用卡

什么是虚拟信用卡呢？它是基于银行卡的 BIN 码所衍生的虚拟账号，它没有实体卡片载体，但能用于支付结算。用户有了虚拟信用卡，即使身上没带卡也能登陆手机银行进行支付，这样不管是线上还是线下都能自由消费。可以说，虚拟信用卡具备了实体信用卡的所有功能。

【虚拟信用卡】2019 春季发布会，苹果发行 Apple Card

2019 年 3 月 26 日凌晨消息：苹果公司宣布了"Apple Card"的发行，该公司称这是"一种由苹果而非银行开发的新型信用卡"。这张信用卡由苹果公司与投资银行高盛合作开发，所以它并不是完全没有银行账户。

这个产品其实之前也被曝光过，它是苹果公司在 iPhone 里直接下发的电子信用卡。

介绍这款产品时候，苹果相关人士首先谈到的是界面，例如只在 Apple Pay 里就能看到这张信用卡的使用额度等，另外，他们也强调这是一张"马上就能用的卡"（指申请下发卡的过程很快，无须邮寄实体卡片）。

关于 Apple Card，最有趣的细节之一是它是 ios 上的"钱包"，APP 高度集成。苹果公司表示，他们的目标是用更少的时间，帮你更多地了解自己的消费。例如，该公司正在使用机器学习和定位服务的结合，让账单更清楚。

比如，你有笔 46.32 美元的消费，传统信用卡只能查账单上的商户名称，之后回忆是在哪里花了这笔钱。Apple Card 使用地图来确定你在哪里买了什么东西。没有什么神秘的商业机构代码，不用猜，商店的名称以及它在地图上的位置直接

第 6 章
告别现金消费时代：虚拟信用卡、移动支付

显示出来。

"钱包"APP 有些新的功能设计，以适应 Apple Card。例如，你可以点击单个交易来查看详细信息，如价格、每日现金、类别和交易在地图上的位置。

苹果还从 Apple Watch 学习了三圆环系统，让你直观地理解自己的花销、分期利息、余额之类的信息。钱包还将提供建议，帮助避免不必要的花销。你也可以设置每周或每两周的自动还款，便于管理自己的开支。

苹果公司解释说："减少信用卡利息的最好方法是每月全额还款。如果你做不到这一点，Apple Card 会帮你计算还多少，还有得付多少利息。选择你想支付还款的金额——比如 530 美元、780 美元、1025 美元——然后 Apple Card 就会计算你的利息。"

钱包的新功能还让你更容易按类别查看自己的支出。每个类别都有一个颜色，可以查看每日、每周或每月的支出明细。这可以让你更容易地看到你在哪些方面花费最多，以及在哪方面能削减点开支。

Apple Card 最有趣的细节是它的返现机制。苹果公司表示，顾客使用苹果卡购物将获得"Daily Cash（每日返现）"。现金返还将直接存入 Apple Pay 现金卡中。用它来偿还债务，或者直接转账到自己银行账户。

1. 无论你在 Apple Store 苹果零售店、苹果网站、苹果应用商店还是 iTunes 上购买苹果软、硬件产品，都能获得 3% 的返现。包括游戏、应用内购买、Apple Music 订阅，甚至 iCloud 存储计划的额外付费。

2. 日常用 Apple Pay 买东西都能得到 2% 的返现，没有类别限制。只要你用这张卡，不管是超市还是出租车，用了就等于打 98 折。

3. 如果你碰巧遇到一个商店、网站或 APP 不接受 Apple Pay，（实体）Apple Card 仍会以每日返现的形式返还你 1% 的消费金额。

这张卡年费为 0，还有 1%～3% 的返现。这对用户来说简直就是白给的钱，尤其是订阅 iCloud 存储空间、App Store 购买 APP 时，苹果的 3% 返还还是很有吸引力的。

如果苹果发现潜在的盗刷，它会立即发送推送通知给你。用户可以赶紧报告问题，或标记为"OK"表示没有盗刷。

Apple Card 还集成了 Apple Business Chat 功能。用户通过 iMessages 与客服直接沟通，所以如果你需要报告盗刷问题，发个短信就行，没有必要打电话。

苹果表示，Apple Card "不收取任何费用，甚至包括隐藏的费用"，但这并不包括信用卡利息。苹果表示，可变年利率从 13.24% 到 24.24% 不等。

如果你错过了还款，虽没有本金滞纳金，但是利息会以更快的速度增长。

没有物理卡片的电子信用卡不是苹果首创。而且其实 Apple Card 也是有实体卡的，一张钛金属制成的，激光蚀刻卡片。虽然苹果没说，但我们猜这张卡是为了自助加油站，或不支持 Apple Pay 等环境用的。图 6-1 是一个朋友在澳洲拿到的 Apple Card 实体卡版面。

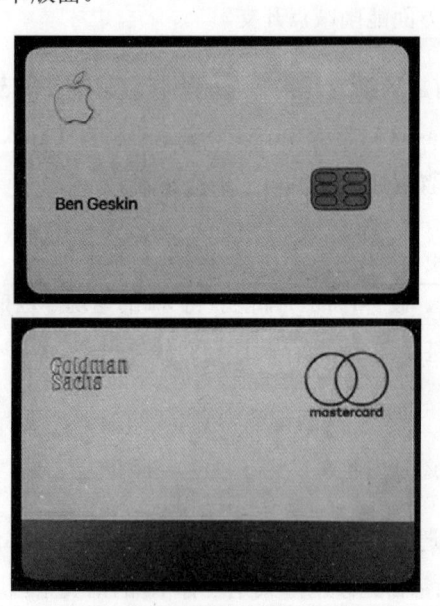

图 6-1　Apple Card 实体卡版面

与传统的卡不同，这张卡本身没有卡号、有效期或安全代码，只刻有苹果

第6章
告别现金消费时代：虚拟信用卡、移动支付

LOGO 和用户名字，还有一个刷卡芯片。账户信息也同步存储在钱包 APP 中。万事达是发卡方，所以你可以在世界各地使用它，只要支持"Mastercard"就行。

【知识导读】常见的虚拟信用卡

虚拟信用卡的分类也有好几种：主卡虚拟卡、附属虚拟卡、映射虚拟卡。

主卡虚拟卡：有一个独立的账户，不依赖于任何实体信用卡。如建设银行的龙卡 e 副卡。

附属虚拟卡：有实体的卡片，可以通过主卡申请虚拟卡账户。就像中行虚拟信用卡、中信网付卡，这类卡片还款由主卡还款即可，虚拟卡也不需要缴纳年费。

映射虚拟卡：一般是用于 Apple Pay、Samsung Pay、HCE 云闪付等的虚拟信用卡。

其实，在国内，第三方支付机构联合商业银行早在 2014 年就推出了虚拟信用卡，但考虑到客户身份识别功能有待加强，为了保证客户信息安全，只好作罢。随着各类线上消费分期产品迭代出新，自 2017 年起，银行再次推出虚拟信用卡，将为消费信贷领域开启新的征程。

接下来，我们可以根据不同的类型来了解虚拟信用卡。

一、银行类虚拟信用卡

目前，各银行都有虚拟信用卡业务，例如浦发的 E-GO 卡、中信网付卡、建行 e 付卡等，都可以一张实体卡开通多张虚拟信用卡。

如果有需要，只需要在银行网银、微信公众号或者直接拨打信用卡客服电话，就可以进行申请了，一般申请速度会很快。

1. 浦发信用卡之 E-GO 卡

浦发银行的虚拟信用卡叫 E-GO 卡，只要你有浦发的信用卡，就可以通过网银、微信等渠道开通 E-GO 卡，还可以通过银联、VISA、万事达、美国运通四个卡组织分别开通一张信用卡。

2. 中信银行网付卡

中信银行的虚拟卡叫作中信网付卡，除了中信 AE 全币通信用卡，其他信用卡都可以从动卡空间中申请网付卡。

中信的虚拟信用卡支持每位持卡人同时拥有 3 张网付卡，每年可以申请 5 次。网付卡相当于主卡的附卡，积分和消费明细都并入主卡中。

3. 建设银行 e 付卡

建设银行的 e 付卡是一张独立的信用卡，按照主卡的申请流程申请、有自己的独立账单、信报上有单独的记录。

建行的 e 付卡跟实体卡的功能几乎一模一样，除了没有卡片，并且除了可以在线上使用，还可以绑到 Apple Pay、HCE 等云闪付设备上，用于线下支付。

4. 农业银行信用币

农业银行信用币是农行最近推出的虚拟卡，有农行信用卡的你可以直接从农行和手机银行中开通。

信用币开通后，会给你一个 62 开头的银联标准卡号、有效期以及 CVV 码，除了可以用于快捷支付、银联在线支付等，还能开通云闪付。

5. 广发银行极客卡

广发极客卡是通过人脸识别 + 电子化手写签名辅助进行身份校验及激活的信用卡，卡片为电子虚拟卡，不发实体卡，激活成功后在广发银行 APP 中展示。

该卡具有线上支付、终身免年费、最长 50 天免息还款期等特色功能，但不具有其他增值功能和优惠，也不累计积分、无分期业务、不可提现。可通过信用卡首页申请。

6. 上海小赢卡

小赢钱包和上海银行合作发行一款虚拟信用卡——上海小赢卡。

另外，还有交通银行和兴业银行的虚拟信用卡，实际上就是在拿卡之前，可以用于线上支付的卡号，在拿到实体卡后失效，严格意义上并不算虚拟信用卡。

二、信用支付虚拟信用卡

1．微信虚拟信用卡

即微信信用卡，是腾讯与中信银行、众安保险联合推出的虚拟信用卡。与传统的信用卡相比，微信信用卡的审批时间大大缩短，最快1分钟内便可通过审批，且不需要缴纳任何费用，包括年费。若符合申请标准，最快1分钟便可通过审批，授信额度在50～5000元之间。

2．支付宝虚拟信用卡

又叫支付宝信用卡，是阿里巴巴推出的一款"信用支付"产品，其信用额度可用于在淘宝等购物网站实现预支付。支付宝将根据申请人的交易数据进行授信，最低额度为200元，最高额度并未设限，通过支付宝钱包进行申请，审批通过后，便可使用虚拟的支付宝信用卡进行透支消费了。

虚拟信用卡的出现，改变了传统实体信用卡的审批流程以及授信方式，但基于互联网金融的安全考虑，央行于2014年3月13日下发紧急文件，叫停支付宝、腾讯的虚拟信用卡产品。

三、网络虚拟信用卡

除此之外，现在的很多网上消费产品其实也属于虚拟信用卡，例如京东的京东白条、支付宝的花呗等，也提供透支、免息期、分期还款的功能，本质上属于虚拟信用卡。

自从"花呗"问世以来，很多人就将它当成了虚拟信用卡，无论你在淘宝还是在天猫上购物都能享受41天的免息期。所以花呗一经推出就吸引了无数消费者。它既是支付宝拿来与京东一争高下的利器，也能和银行信用卡一较高下。

现在的年轻人，十个人中就有九个在使用花呗，另外一个在使用微粒贷。而

信用经济
——建立信用体系创造商业价值

我身边使用花呗的朋友更多,这也应验了网络中的热门金句:"花呗一时爽,还款火葬场。""明明是蚂蚁花的,凭什么要我还?"

很多人在生活中非常依赖花呗,不少年轻人每个月的工资都用在花呗的还款中,但仍有大多数人乐此不疲。

花呗之所以这么受欢迎,不在于它可以方便快捷地支付,而在于如今信用消费市场的蓬勃发展,让花呗有了自己的发展版图。可是对于花呗消费,个人的消费到底是越欠越多,还是信用消费成了生活的一种动力?

如今很多年轻人不愿找家人要钱,也不愿借钱欠人情。我身边很多人都是花呗的使用者,他们对花呗都有自己不同的理解。

小赵说:第一次用花呗时,是为了在淘宝里买一套西装好准备面试工作。刚刚参加工作,工资特别少,想买个东西又不好再向家里要。当时用花呗先买,然后一发工资就赶紧还钱。虽然现在工作已经步入正轨了,但是我还是很怀念当初那段使用花呗的日子。

小陶说:我看中某个东西缺点钱的时候,又不想向朋友张口,总觉得借钱就是欠别人人情,怪不好意思的。

小G说:刚工作时有一次出差在外把手机丢了,当时急着买一部手机联系业务,但是我的银行卡里又没那么多钱,找熟人借都找不到,只好使用花呗救急。

银行发放信用卡有资本和风控的经验,但是花呗有消费场景以及大数据来控制,各有所长,互为补充。之前的花呗应用场景主要是阿里系的电商平台,但是经过几年的发展,以及慢慢向生活场景普及,比如现在无现金支付的常用接口,就是支付宝以及微信,而支付宝扫一扫的支付中,很多商家也都是支持花呗支付的。

蚂蚁花呗一经面世就受到年轻人的追捧(见图6-2)。某数据显示,在花呗的用户有33%来自"90后",48.5%来自"80后",而"70后"只占14%,比起其他支付方式,花呗更被年轻的消费群体喜爱。

第 6 章
告别现金消费时代：虚拟信用卡、移动支付

下面是一些年轻人对蚂蚁花呗的看法。

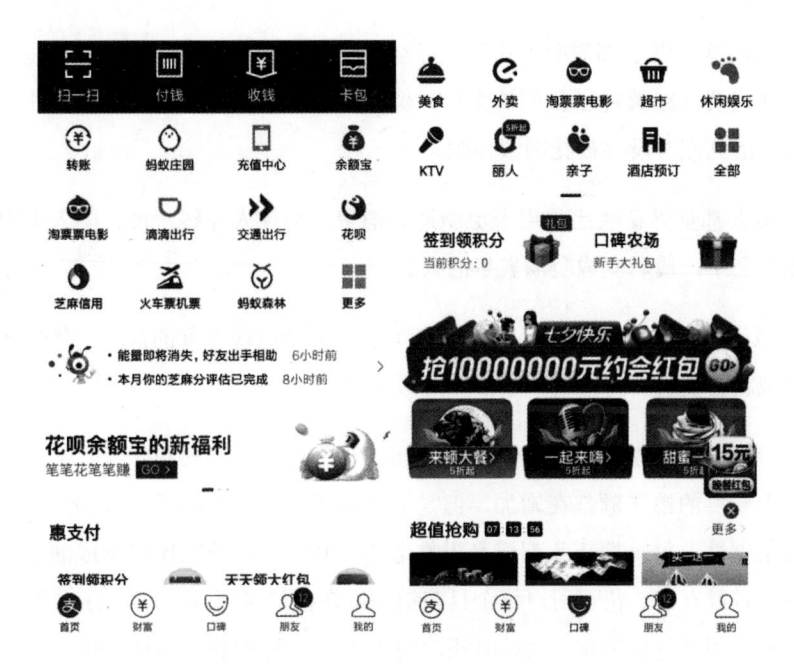

图 6-2　支付宝在生活里无处不在

1. 蚂蚁花呗比开信用卡方便

小何谈起花呗和信用卡，他说："我双十二买的东西，使用了一个延长收货，结果我居然可以在次年的 2 月 10 号还款，实在是很人性化。"

小刘说："以前我申请信用卡的时候三次都没通过，每次都是资料审核不通过，后来朋友推荐我使用花呗，用了之后发现真不比信用卡差。"

2. 蚂蚁花呗可以交水电费

小方说："我每次都用花呗给家里的爸妈交水电费，去菜市场买菜用的花呗，我的生活已经离不开花呗了。"

3. 用蚂蚁花呗买东西方便

小蔡说："我爱上网购物，看到中意的喜欢的东西就想买，后来我开始用了

171

花呗分期还款，买到自己喜欢的东西感到非常满足。"

当然，这些例子都说明了花呗已经渗透进了我们的生活，但是有一些专家提出，超前消费已经毁掉了我们的生活，像花呗这样的虚拟信用卡应该停止。但是我们的生活到底有没有被花呗毁掉呢？

很多人都觉得花呗比信用卡更能诱导消费，会使人花钱无度，陷入无限期还款的循环之中，最后变成负债累累的人。

我想说的是，信用卡已经流行很多年了，也没出现严重的危害，年轻人用了一下花呗就会变吗？

据《年轻人消费生活报告》显示：虽然现在的年轻人热衷于买、买、买，每年"双十一"的销售额都在增加，但是大多数年轻人的"剁手"行为并不任性，相反还很理性，每一期还款都还是很靠谱的。其中，占花呗比例七成的年轻人，都能做到月月有余。花呗用户每个月花销控制在授信额度60%以内的，占大多数，他们没有把额度花得精光，而按时还款的"90后"比例更是高达99%。

这么看，大多数人的信用消费还是趋向理性化，虽然他们爱花钱，但他们心里有杆秤，不会乱花钱。其实，使用花呗的年轻人，并不像传闻中那样"负债累累"。他们的生活不会因为花呗变得富裕，也没有因为花呗而变得糟糕，花呗，只是他们众多信用卡中的一员而已。

京东白条和蚂蚁花呗相似，它们分别代表了京东和淘宝。在相同的领域它们总是竞争对手的关系，二者也是互不相让。无论是花呗还是白条，都成了年轻人虚拟信用卡的首选。

除此以外，"白条"打通了京东体系内的全球购、O2O（京东到家）、产品众筹，又逐步覆盖了旅游、装修、租房、婚庆、教育等领域，从赊购服务延伸到提供信用消费贷款，覆盖更多的消费场景，为更多的消费者提供信用消费服务。

刚刚毕业的年轻人小周，曾跟我诉说了毕业后的生活。毕业参加工作后，他为了省出钱来购买一台笔记本电脑，开始勒紧裤腰带过日子

第6章
告别现金消费时代：虚拟信用卡、移动支付

后来他在朋友的推荐下使用了白条。刚开始使用的时候，小周感到生活又有了希望，他把第一笔五千元的额度用来买了一台心爱的笔记本电脑，这让小周工作中更有动力了。虽然后来历经了三个月的节衣缩食，但小周觉得值得。

2017年4月，花呗发布了广告《年轻，就是花呗》，广告内容是三个年轻人在花呗的帮助下实现了梦想中的生活，广告词"活成我想要的样子"更是让无数年轻人产生共鸣。

紧接着，京东白条也出了一则广告《致憋尿前行的年轻人》，与上面相似的是，京东白条的广告内容也是几个年轻人因为白条提升了生活品质。

申请这类网络虚拟信用卡，需要满足产品的申请条件。一般是根据平时的消费习惯，以及信用记录来决定是否审批，可以去官网页面直接申请。

从以上发行的虚拟卡产品详情，我们可以总结出虚拟卡具备以下的优势：

1. 虚拟信用卡不需要实体卡，对于用户来说可以免除被盗刷的风险。

2. 它具有快速办卡的特点，在特定的消费场景中快速办卡，便捷使用。绝大部分信用卡没办法做到申请之后秒批或者当天就有结果，但虚拟信用卡可以。

虚拟卡与实体卡最根本的区别在于，是否可以实现"空中发卡"。在优惠活动的场景下，可以通过移动端快速办卡，银行快速审批，将虚拟的卡号直接给到用户，从而实现即时使用。

移动互联网时代：来自云端的支付革命

应用场景不断在推陈出新，移动支付已经是推动经济社会发展的"主力军"。移动支付除了形成新的商业模式和产业链条，也改变了传统消费形态。除此以外，移动支付给信用社会建设提供了不少便捷，为拉近区域发展差距提供了帮助。

2019年5月6日，《中国移动支付发展报告（2019）》在福州第二届数字中国建设峰会上发布。报告显示，在 2018 年末，中国移动支付发展指数（CMPI）为 197.84，上海、杭州、北京位列前三强。

这些年来，移动支付场景不断扩大、产业链也在快速延伸，成为推动经济社会发展、城市竞争力的主要动力。移动支付业务在推动普惠金融发展、城市经济增长、改善就业环境、促进消费升级、助力数字政务等方面起了巨大的作用。

近年来，由于移动互联网领域和金融支付领域的相互融合，随着三代、四代移动通信技术的发展，移动智能终端设备也在大量普及，移动支付技术快速崛起，移动支付业务在不受时间和地点限制的电子商务中彰显出强悍的发展潜力。

【银联云闪付】用户突破 1.6 亿！集合之美打造云闪付 APP 差异化之路

最新数据显示，云闪付 APP 用户已突破 1.6 亿大关。有意思的是，云闪付 APP 自 2017 年 12 月 11 日发布以来，从来都不曾自诩是某一家的产品，而是始终定义为银行业的统一 APP："由中国银联携手各商业银行、支付机构等产业各方共同开发建设、共同维护运营的移动支付 APP。"作为银行业共同打造的支付应用，云闪付 APP 发布以来迅速发展的背后，有一套清晰可循的逻辑。

只需要一个 APP 便能管理所有银行卡？如果在几年前来看，简直是天方夜谭。然而云闪付 APP 的推出，将其变为可能。一个 APP 汇聚了银联及各大银行的支付工具、支付场景及特色服务，对于多家银行卡持有人而言，是难以拒绝的吸引力。金融服务门槛的降低，是现行市场下的大趋势，也是针对 C 端痛点的有力直击。

银行圈的牵手同盟，为跨行服务立下里程碑的同时，也为云闪付 APP 的差异化功能提供了基础的基因架构。目前，云闪付 APP 已经支持国内所有银联卡的绑定。其中，逾 230 家银行的持卡人可通过云闪付 APP 使用银联二维码支付。包括全国 21 家主要商业银行、130 余家城商行、180 余家村镇银行，共计 330 余家银行的持卡人可通过云闪付 APP 查询借记卡实时余额。逾 120 家主流银行的持卡人可通过云闪付 APP 实现信用卡账单一键查询及零手续费还款。与此同时，包括工行、中信、招商、浦发、民生、华夏、平安等 22 家银行在内的 110 余种信用卡可通过云闪付 APP 直接进行在线申请。

第6章
告别现金消费时代：虚拟信用卡、移动支付

在二维码贴遍大街小巷的同时，云闪付 APP 从未将视野定格在收付款移动交易结算工具之上。而是为持卡人打造一个可以绑定和管理各类银行账户，并使用各家银行移动支付服务及优惠权益的智慧助手。集合了银联二维码扫码支付、各类手机 Pay 开通申请调用、信用卡全流程服务、个人实时转账等服务。就在前不久，云闪付 APP 大打信用卡还款 0 手续费的功能概念，一时圈粉众多并被誉为支付圈的一股清流，可见，云闪付 APP 对于 C 端的把脉并非流于表面。

作为新秀的云闪付 APP，在场景建设上可谓下足了功夫，联合银联闪付以商超便利、公交地铁、菜场及周边 15 分钟生活圈、餐饮、公共缴费、自助售货、校园、食堂、医疗健康、交通罚款等便民场景为重要抓手，开展受理环境建设，并不断取得新成果。云闪付 APP 的快速突围，与它对于民生刚需高频场景的瞄准与发力的举措密不可分，而这也为银联的移动支付发展提供了路径和机遇。

公开数据显示，目前全国范围内已有逾 8000 家菜场、逾 3000 个生活圈、逾 55 万家餐饮商户、近 20 万家便利店超市、逾 20 万台自助终端、逾 1200 所校园、逾 1500 家医院、近 1800 个企事业单位食堂开通包括银联闪付、银联二维码支付在内的银联移动支付服务。其中，公交地铁场景一马当先，成为场景建设的领头羊。目前已有 22 个城市地铁、810 余个市县公交开通银联移动支付。仅云闪付 APP 乘车码，已在成都、上海、广州、天津、南京、郑州、厦门、昆明、合肥等 45 个城市公交及成都地铁受理上线。成都成为全国首个地铁、公交同时支持云闪付 APP 乘车码的城市，只需要一个云闪付 APP 便可便捷乘车轻松出行。提升市民公共交通出行便利性的同时，也助力城市打造互联互通的综合交通网络。

在场景建设方面的突破，与背靠的产业资源及力量密不可分。去年，银联更是推出云闪付合作伙伴计划，紧握聚合服务商及地推服务商的双手，推进专业能力输出和技术赋能，为丰富场景积攒力量。

在跨境服务上也走在前列。2018 年 9 月，云闪付 APP 开通港澳持卡人服务，升级港澳居民移动支付体验，受到当地机构、持卡人和商户欢迎。目前港澳已有 20 家机构支持云闪付 APP 绑卡，超过 1.2 万家商户开通受理，用户数和交易量稳步增长。以跨境交通领域为例，港珠澳大桥、大桥穿梭巴士、珠江客运、永东巴

士和环岛巴士等均已支持云闪付 APP。铁路 12306、深圳出租车、广州公交车等成为港澳用户在内地经常使用的场景。目前，云闪付 APP 用户可在全球 29 个国家和地区的逾 1000 万家商户扫码支付，涵盖"吃住行游购娱"多种消费场景。

云闪付 APP 的多类营销为用户拉新与黏性保持起到了重要作用。官方数据显示，仅 2018 年 12 月 12 日，云闪付 APP 新增逾百万注册用户，平均日活跃用户数更是达到去年活动同期的 8 倍。

据了解，2019 年除了近几年银联 IP 的 62、双 12、春节红包等大型营销活动外，银联还将分别在 7 月份、9 月份开展手机闪付周和商超节 2 个专项营销活动。同时，半价坐公交、便利店满额立减等长期促销手段也将贯穿全年，在与广大用户最密切相关的场景里践行惠民、便民的理念。

除了商户的营销以外，以云闪付 APP 为主要载体的拉新奖励、用户互动、消费、还信用卡返红包等活动，以及联合银行开展的移动支付多倍积分、红包叠加等特色营销活动，都将持续开展。"365 天的优质支付体验"并非只是口号，云闪付 APP 的热度及黏性也在营销活动中不断升温、增强。

云闪付 APP 早已不仅仅是银联拓展移动支付市场的利器，而是银联开启普惠便民新征程的新载体与新动能。

【知识导读】什么是移动支付

说到移动支付，很多人都会想到支付宝和微信的扫二维码，但随着智能手机的发展，以非接技术为核心实现手机等移动设备的线下非接触支付，并支持远程在线支付，包括华为、苹果、小米、三星、魅族与 HCE 产品。手机 NFC 支付的功能 Samsung Pay、Apple Pay、Mi Pay、Huawei Pay 等推出后，就能替代手机中老式银行卡片，一部手机就能代替银行卡，实现快速付款。目前已有数千万终端支持银联手机闪付，只要看到带有银联手机闪付标识的付款机，就能实现"闪"付。

那么，什么是移动支付呢？

移动支付又叫流动支付，是使用手机或手表等行动装置进行的支付交易，该

第 6 章
告别现金消费时代：虚拟信用卡、移动支付

过程不涉及支票、现金和实体支付卡，移动支付类型见图 6-3。

图 6-3 常见的移动支付类型

据报告显示，中国内地移动支付已经领先全球，维持 86% 的使用率。我国香港地区移动支付使用率高达 64%，居全球第三位。第二名是泰国，其移动支付普及率为 67%，而第四、五名分别是越南和印尼，其普及率是 61% 和 47%，第六至十名分别是新加坡、中东、菲律宾、俄罗斯和马来西亚。

【知识导读】常见的手机支付类型

随着科学技术的蓬勃发展，手机支付已经成为大部分人常用的付款方式，那么，手机支付有哪几种常见类型呢？

图 6-4 手机闪付家族

177

1. Apple Pay 支付

2014 年 9 月 10 日，苹果举行了发布会。苹果 CEO 库克表示，据调查显示，每年信用卡消费为 120 亿美元，而每天都有高达 2 亿美元的信用卡转账。可信用卡支付过程异常烦琐，导致以前的移动支付方式都没有成功，但苹果基于 NFC 的 Apple Pay，只要在终端读取器上轻靠一下，就能实现支付，可以说非常便捷了。

库克表示，Apple Pay 中存储的支付信息是加密保护的。使用 Apple Pay 时，手机无须联网，也无须点击进入 APP，更不需要唤醒显示屏。你只需把苹果手机靠近有银联闪付标志的读卡器，再把手指放在 HOME 键上验证指纹，就能直接支付。你也可以在苹果手机处于锁定状态时，双击主屏幕进入 Wallet，直接进行购买。若交易终端显示要输密码，则需要你输入银行卡的交易密码，一秒钟内你就能实现 Apple Pay 支付。

2015 年 12 月 18 日，中国银联与苹果联合发声：Apple Pay 正式登陆中国，投入使用后，中国银联卡持卡人可以把自己的银联卡添加至 Apple Watch、iPhone、和 iPad 上。

2. Huawei Pay 支付

Huawei Pay 是中国第一个兼具银行卡和交通卡功能于一体的手机支付工具。Huawei Pay 中的银行卡相当于把用户的银行卡绑定到华为钱包，通过钱包 APP 绑定 Huawei Pay 银行卡后，无须解锁屏幕，无须打开 APP，无须联网，只需将手机摄像头位置靠近支持银联闪付的 POS 机，一触闪付，轻松便捷。使用 Huawei Pay 银行卡所享受的积分政策与实体银行卡一样。

支持 Huawei Pay 的热门线下门店目前支持超过 1600 万台 POS 终端，覆盖千万商户。线上支付选 Huawei Pay，不定期优惠享不停。还支持各种生活场景消费，比如订外卖、买手机、旅行、看电影等等，各类线上商户更是大范围覆盖，享有更多的优惠。

3. Mi Pay 支付

Mi Pay 是小米钱包为用户提供的线下手机支付功能，使用支持近场通信技术

(NFC)的小米手机,通过标记有银联闪付功能的 POS 机完成支付交易。小米手机在系统软件层面会自动检测支付环境是否安全可靠。在硬件层面,小米手机提供了支付指纹信息的硬件加密与银行卡信息的安全存储,保障了信息的物理隔离。使用 Mi Pay,只需将手机在 POS 机上轻轻一碰,通过你的指纹验证即可完成支付。不直接使用实体银行卡和银行密码,大大增加了账户的安全性,也给生活带来了便捷。

中国支付行业发展前途十分光明,也是大众乐于接受消费方式。在将来的手机支付业务中,支付额度会向大额支付领域靠近,未来利用移动支付购买到的实体商品种类也会渐渐多样化,支付业务种类也会慢慢从手机钱包发展到移动信用卡、移动借记卡等。在不远的将来,我国手机支付市场将迎来爆发式增长。

手机支付已经成为生活中不可或缺的部分,对此积极布局的除了支付宝、微信,还有小米、华为、金融机构、各类运营商等。尽管苹果的 Apple Pay 在中国推出了很长的时间,但国内用它的人并不多,但在全球还是发展得不错。

2019 年,美国拉斯维加斯举行了移动支付技术展览大会, Apple Pay 业务副总裁代表苹果总公司参加了会议。她宣布 Apple Pay 将加入 NFC 标签支付,且不需要额外下载应用,除此以外,他们已经设计出一个新技术,即将 iPhone 等设备靠近 NFC 标签就可以触发 Apple Pay 支付。

Apple Pay 还是跟支付宝、微信不一样的,Apple Pay 主要是用户和银行的中介,它自身并不留存资金。Apple Pay 可以通过 NFC 芯片实现虚拟银行卡功能,它将给人们的生活带来许多方便。

可是对商家而言,不论是虚拟银行卡还是实体银行卡,比起二维码支付,对设备的要求都会更加高一点。NFC 标签支付目的是为了简化虚拟银行卡支付的流程,现在很多金融机构都在推广这种支付方式。而银联在 2018 年 6 月就已经推出了"碰一碰"支付(见图 6-5),支持 NFC 的手机都能读取 NFC 标签完成支付。

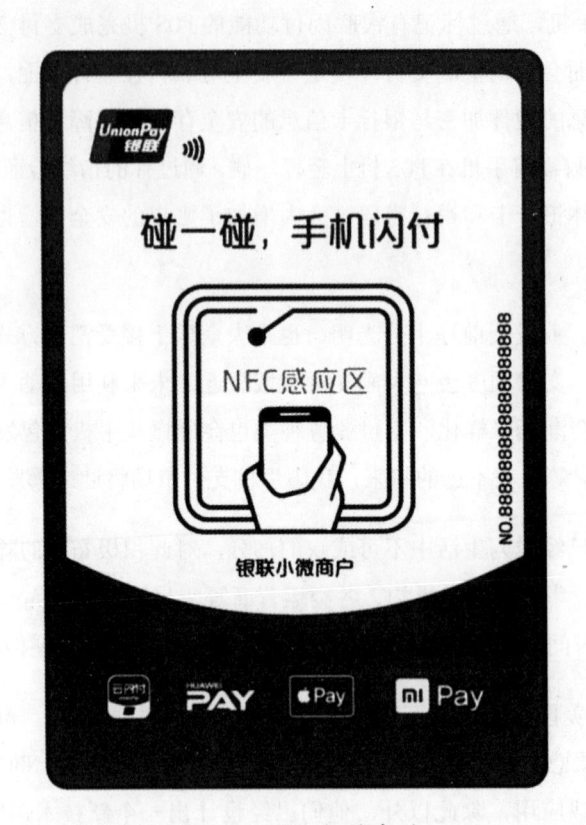

图 6-5　NFC 标签支付

NFC 标签是需要通过一个设备来写入信息的。按理论说，如果你用 NFC 标签支付，只需把手机靠近，再依靠用户面部或指纹识别即可完成验证，即支付成功，过程非常简单。

第 7 章

贷款
这条路：且行且珍惜

现在的生活节奏很快，给人带来各种各样的压力。这个时候，贷款的存在就显得格外重要了。那么，什么是贷款呢？

对于贷款，普通人是敬而远之的。一方面，高利贷破坏了整个行业的形象，让大家对此产生了不信任和畏惧感；另一方面，贷款业务人员就像是推销保险一样，在人流多的公共场所向大家介绍产品，这个也不能增加人们的好感。很多人认为，只有到了走投无路的境地，才会考虑去贷款。可事实上，越是有钱的人，他的贷款可能越多。因为他们有着更加远大的眼光，通过贷款投资赚取更多的钱。

现在各种金融借贷盛行，不论是大额贷款，还是车贷房贷，又或者是各种花呗白条，每个人身上多少都是有点儿"债务关系"的。

你申请的贷款是什么类型

贷款，是指向金融机构借款后，一定时间内连本带息全部归还的一种经济行为。贷款从形式上来说也被分成了两大类，那就是担保贷款和信用贷款。

担保贷款，是你提交具有价值的个人资产作为抵押，或是请来担保人，银行则会给你贷款。就像你租房时所需要缴纳的押金，以保证在你不需要继续租赁的时候，会完完整整地把房子交还给屋主。除非你能请中介作为担保，保证房子不会有任何损失，你就可以免除押金。总而言之，你要把自己的财产抵押给银行，或者是请来可信的人，银行才会放心把钱借给你。

随着大数据的发展，贷款的形式也有了新的变化，当你没有抵押物，却又需要贷款的时候，银行会调查你的征信记录，考察你的可信度，如果你的信用达到一定的等级，银行就会把钱借给你。如果你每一次租房都会留下记录，那么你每次按时交租、按时交房的行为都会被记录在案，当你的记录达到一定的等级，其他的房东就会愿意将房子租给你而不需要你进行资产抵押或担保。

利息是金融机构的主要收入之一，无论是哪种贷款，利息都是不可避免的。大家把钱存进银行，通过银行获得利息，使自己的钱有了增值，银行也希望让自己囤积的钱获得增值，就将这些钱通过贷款的方式借给有需要的人。

有借有还，再借不难，不管是哪种类型的贷款，大家都要先考虑清楚自己有没有足够的还款能力，利息是不是合理等问题，这样才能做出清晰明确的、合理的贷款决定。

第7章
贷款这条路：且行且珍惜

【信用场景】西安女车主 66 万奔驰漏油事件，让我们看到了什么

2019 年 4 月 11 日，"奔驰女车主哭诉维权"的视频在网络上流传后，迅速引发舆论关注。西安的一位小姐姐花 66 万元购买奔驰当作自己 30 岁的生日礼物，没开出 4S 店门就漏油却遭遇退换难，坐在奔驰车引擎盖上哭诉的视频引发广泛关注。"我是研究生毕业，但是这件事情让我觉得，我这几十年的教育白白浪费了。"

此后小姐姐与奔驰 4S 店高管沟通录音曝光，录音中，小姐姐反复提出：购车时，在不知情的情况下被收取了 1.5 万元的奔驰金融服务费，但全程未有任何服务。"这是我不知情的、骗取的费用，谁同意你们收的这笔钱？这笔钱流向何处？1.5 万元是什么计价标准？"

奔驰女车主反复质疑的奔驰金融服务费是什么？凭什么收？收费标准又是什么？

一、没有享受服务的金融服务费

在奔驰汽车官网的金融计算器中，如果选购建议零售价 54.58 万元的梅赛德斯—AMG CLA45 的一款车型，在首付 30%（16.374 万元）分期 36 个月的情况下，利率 3.99%，月付款为 11278 元。奔驰官网并未显示有奔驰金融服务费。

一位 4S 店销售人员透露，金融服务费是办理贷款时都会收取的，一般也叫手续费，是 4S 店收取的，这也是 4S 店赚取的费用的一部分。费率和利率标准是店里根据贷款金额和贷款比例定的，各个地方可能不太统一。

该销售人员还表示："全款购车的利润肯定没有办分期贷款购车的利润高，这样销售的提成也高，4S 店的利润也高，所以客户购车时我们也都会尽量推荐做分期。"

一位新近贷款购车的车主，他购车时也被收取了贷款金融服务费。销售人员表示："金融服务费是贷款总额的 4%，一次性收取，但是三年免息。"

"我全款买得起这辆车，你们却引诱我贷款，买之前告诉我有金融服务费吗？"西安奔驰女车主之所以对奔驰金融服务费质疑，在于原本以为分期购车只

需要付较低的利息,没想到还收金融服务费但并未提前告知。同时,她认为缴纳了所谓的服务费后,却并没有享受到任何服务。

消费者们不难发现,无论是买车还是电商平台办理分期购物、利息外一般都显示还要支付一笔额外的服务费,尽管同样没有享受到所谓的"服务"。

在业内看来,这样的方式本身带有一定的迷惑性,即通过低利率吸引消费者办理分期贷款业务,但赚取的是服务费+利息,因此,一些所谓的服务费实际上是变相收取的利息等相关费用。一些分期业务尽管看似利率合规,但加上所谓的服务费等各种费用后其实远远超过了最高法院对民间借贷利率的规定。因此,在2017年央行等部委规范整顿"现金贷"业务时就明确提出,各类机构向借款人收取的综合资金成本应统一折算为年化形式,各项贷款条件以及逾期处理等信息应在事前全面、公开披露,向借款人提示相关风险。

如上述新近贷款购车的车主,其购车虽然看似免息,但实际相当于将3年间4%的利息一次性收取。

二、贷款利率何以低至3%

奔驰女车主在录音中提到,由于贷款利率在3%左右,也觉得非常低,因此同意办理贷款购车。

在一至五年贷款基准利率4.75%、五年以上基准利率4.9%的情况下,汽车贷款的利率何以如此之低?尤其是汽车金融公司还需要从金融机构获得授信,其资金成本远高于这一标准。

一位汽车金融行业人士描述,汽车金融公司与4S店之间往往有协议,即客户承担3%的利率,汽车金融公司通常会补贴5%~7%左右的利率。之所以这样做,是为了促进汽车销售。

而在奔驰汽车的官网上,其显示分期购车利率为3.99%。

"西安奔驰漏油事件"暴露出汽车行业一些长期、普遍存在的问题。奔驰4S店为消费者办理贷款已向奔驰金融机构收取相应报酬,再以"金融服务费""贷款服务费"等名目向消费者收取费用，违反了法律规定。

【知识导读】汽车消费贷款：乱象初显，万亿级市场亟待标准化、规范化发展

汽车消费贷款是银行对在其特约经销商处购买汽车的消费者，发放的一种新的贷款方式。汽车消费贷款利率就是指银行向消费者也就是借款人发放的，用于购买自用汽车【不以营利为目的的家用轿车或7座（含）以下商务车】的贷款数额与本金的比例。利率越高，那么消费者还款的金额就越大。

近年来，在消费升级、互联网金融快速发展等多重因素的影响下，汽车金融需求市场得到快速释放。根据银监会数据显示，截至2017年末，汽车金融业务贷款余额已达到6688亿元，同比增长28.39%，2018年汽车金融业务贷款余额预计将达到7691亿元，汽车金融整体渗透率达到40%。

据中国汽车流通协会发布的《2018年中国汽车市场消费报告》数据显示，"80后""90后"购车者占74%，是最主要的新车购买人群。这部分人群是更具个性化消费需求的消费群体，对消费信贷的接受程度高。随着"80后""90后"甚至"00后"成为汽车销售的消费主体，他们也将成为汽车金融的消费主体。

该业内人士表示，"可以预见到，年青一代消费观念的改变未来将极大地促进汽车金融市场的增长，亿万用户在革新用车方式的同时，必将引领汽车消费新模式，助力汽车产业的蓬勃发展。"

汽车金融可分为广义汽车金融和狭义汽车金融。

广义汽车金融是指在汽车的生产、流通、购买与消费环节中融通资金的金融活动。

狭义汽车金融通常是指汽车销售过程中对汽车经销商或者消费者所提供的融资及其他金融服务，可以分为汽车消费金融和汽车批发金融。

从更狭义的观念来说，汽车金融主要是指汽车消费贷款。

就模式而言，目前个人汽车消费贷款方式有银行、汽车金融公司、整车厂财务公司、信用卡分期购车和汽车融资租赁五种。不同的贷款方式首付和收取的服务费不一样，具体如表 7-1。

表 7-1 个人汽车消费贷款方式

方式	手续	首付	利率
银行汽车贷款	需要提供户口本、房产证等资料，通常还需以房屋做抵押，并找担保公司担保，缴纳保证金及手续费	一般首付款为车价的30%，贷款年限一般为3年，需缴纳车价10%左右的保证金及相关手续费	银行的车贷利率是依照银行利率确定
汽车金融公司	不需要贷款购车者提供任何担保，只要有固定职业和居所、稳定的收入及还款能力，个人信用良好即可	首付比例低，贷款时间长。首付最低为车价的20%，最长年限为5年，不用缴纳抵押费	汽车金融公司的利息率通常要比银行高一些
整车厂财务公司	需提供所购车辆的抵押担保。申请人应有稳定的职业、居所和还款来源，以及良好的信用记录等等	首付最低为车价的20%，最长年限为5年	利息率通常要比银行略高，比金融公司略低
信用卡购车分期	银行只收取手续费，不同分期的手续费率各有不同	持卡人可申请的信用额度为2万~20万，分期有12个月、24个月、36个月三类	信用卡分期购车不存在贷款利率

186

续表

汽车融资租赁	融资租赁是一种依托现金分期付款的方式，在此基础上引入出租服务中所有权和使用权分离的特征，租赁结束后将所有权转移给承租人的现代营销方式		

最新统计数据显示，2018年中国汽车金融市场规模达到1.39万亿元，增长率为19.83%，随着中国汽车金融市场的逐渐开放与征信系统的完善，融资租赁公司、互联网金融公司、互联网保险公司入局，市场规模将进一步扩大。

【知识导读】常见的贷款类型

随着中国经济的快速发展，身边申请银行贷款的人越来越多。贷款是银行或其他金融机构按一定利率和必须归还等条件出借货币资金的一种信用活动形式。

按照担保方式分类，可以分为信用贷款、抵押贷款、质押贷款、保证贷款四种类型。担保贷款是以第三人为借款人提供相应的担保为条件发放的贷款。担保可以是人的担保或物的担保。人的担保，是指有偿还能力的经济实体出具担保文件，当借款人不能履约归还贷款本息时，由担保人承担偿还贷款本息的责任。物的担保，是以特定的实物或某种权利作为担保，一旦借款人不能履约，银行可通过行使对该担保物的权利来保证债权不受损失。

一、信用贷款

信用贷款，指的是凭借借款人的信誉发放的贷款。在这种贷款方式下，借款人不需要提供自己的财产作为抵押，只是凭借银行对自己的信任就可以发放贷款。在个人贷款方式下，如果个人有较为稳定的职业、稳定的收入来源，发放此类贷款的可能性大一些。不过，此种方式对发放贷款的银行来说风险较大。

二、抵押贷款

抵押贷款就是指以借款人或者第三人的财产作为抵押发放的贷款。借款人可以以自己的财产进行抵押，也可以用别人的财产进行抵押。如果到期不能归还贷款，抵押物就起了作用。银行会行使抵押权，处置抵押物，来收回贷款。那么，有哪些财产可以作为抵押物呢？物权法规定主要有以下几种：

1. 建筑物和其他地上附着物；

2. 建设用地使用权；

3. 以招标、拍卖、公开协商等方式取得的荒地等土地承包经营权；

4. 正在建造的建筑物、船舶、航空器；

5. 法律、行政法规未禁止抵押的其他财产。

6. 针对个人客户，可以抵押住房、车辆等。

三、质押贷款

质押贷款是指以借款人或者第三人的动产或权利作为质押物发放的贷款。质押包括动产质押和权利质押。动产质押的范围广泛，没有明确范围。

权利质押物权法规定主要有以下种类：

1. 汇票、本票、支票；

2. 债券、存款单；

3. 仓单、提单；

4. 可以转让的基金份额、股权；

5. 可以转让的注册商标专用权、专利权、著作权等知识产权中的财产权；

6. 应收账款；

7. 其他财产权利。

个人可以出质的都有哪些财产权利呢？

主要有：储蓄存单、国债、理财产品、保险单、应收账款、商铺承租权、存货等。

四、保证贷款

保证贷款是指以第三人承诺在借款人不能偿还贷款时，按约定承担一般保证责任或者连带保证责任而发放的贷款。保证贷款中，以连带责任保证较为常见。一般保证中担保人只承担保证责任；而连带责任保证中担保人承担的是连带责任，也就是说，当被担保人不能偿还债务时，担保人需要替其偿还。

《担保法》规定，保证人必须具有一定的资格，国家机关、学校、幼儿园、医院等以公益为目的的事业单位、社会团体不得为保证人。国家机关、事业单位是靠财政拨款进行开支的，它们所拥有的资产，单位无权处理，实际上这种担保就成了无效担保。

从有无抵押物来看，无抵押贷款不需实物做抵押，抵押贷款需要房产做抵押，并要求房产是全款购买或是贷款已结清。

从贷款金额来看，无抵押贷款一般可以贷到流水证明的 10～15 倍，最高一般为 30 万～40 万元，抵押贷款的金额一般为所抵押房产评估价的七成，最高可达上千万，抵押贷款优势明显。

从贷款利率来看，无抵押贷款的利率一般为 7.9%～9.9%，抵押贷款的利率一般为基准利率 5.94%，低于无抵押贷款。

从贷款年限来看，无抵押贷款最长可贷到 4 年，抵押贷款最高可贷到 20 年，抵押贷款胜出。

从放款时间来看，无抵押贷款审核成功后，当天即可放款，抵押贷款一般需要 10 个工作日，无抵押贷款胜出。

从借款人审核严格程度上来看，无抵押贷款因为没有抵押物，所以对借款人资质审核非常严格，抵押贷款相对于无抵押贷款，对借款人的审核略宽松一些。

从是否需要用途证明来看，无抵押贷款不需要借款人提供用途证明，而抵押贷款需借款人提供用途证明，并且只有提供购房、购车、留学、装修等证明，银行才允许办理。可见，无抵押贷款资金用途相对广泛些。

从可操作银行来看，无抵押贷款只有个别外资银行和内资银行才可以操作，而抵押贷款则相对普遍，内外资银行均可操作。

当无法获得银行信用贷款，或者银行所提供的信用贷款难以满足需要时，可以向银行提供抵押物以获得贷款。抵押是指债务人或第三人不转移财产的占有，将该财产作为债权的担保。债务人不履行债务时，债权人有权以该财产折价或者以拍卖、变卖该财产的价款优先受偿。提供了抵押物后，银行向其贷款的风险大大降低，因此，银行往往愿意提供贷款。

信用贷款：让梦想不再等"贷"

伴随着我国市场经济的发展，信用交易规模日益增加，信用贷款在国内正蓬勃开展。很多非银行渠道也开展了无抵押贷款业务，其中民间借贷占据了很大比例。

在民间借贷市场中，小额贷款公司及 P2P 网络借贷平台占据了无抵押贷款的大部分份额，而 P2P 网络借贷更是成了当前无抵押贷款的最新、最热门渠道，自 2009 年 P2P 在国内兴起以来，P2P 开始逐步被广大群众熟悉和认可。

随着金融与科技的深度融合，金融科技正跃上新风口。一方面，银行等传统金融机构不断加注金融科技砝码。邮储银行、农业银行等多家金融机构召开了金融科技专场校园招聘，2019 年将在金融科技领域加大研发投入。另一方面，互联网系的金融科技公司快速崛起，腾讯、360 金融、乐信等多家巨头近日发布的业绩报告显示，2018 年金融科技收入增长迅猛，其中 360 金融 2018 年净收入同比增长 464%。同时，传统金融机构与科技公司的"跨界合作"也愈加紧密，金融科技发展生态正在形成。

【信用场景】网商银行服务带给"码商"的好处

赵师傅现已47岁了,他是一名个体经营者,从事于上门维修空调的工作,现居杭州市。赵师傅来杭州已经快5年了,他修理了近3000台空调。

2018年11月,一场大雨使杭州的气温骤降,赵师傅接到了不少修空调的订单。由于配件需要补货,赵师傅一时半会筹不出这些钱。只好使用支付宝收钱码收款,这让赵师傅拥有了2万元的"多收多贷"贷款额度,从网商银行获得了贷款。这笔款及时帮助赵师傅抓住了生意爆发期,赵师傅还上贷款后发现自己还赚了不少。

线下的小微经营者不用购置扫码枪等机具,只需一张"码"就赢得了移动互联网时代的入场券,路边的早餐店、菜市场的小摊主,小微经营者们形象地将自己称为"码商"。

"码商"能享受到的不仅是移动支付,还有大企业才能享受到的金融服务。

小微经营者比大企业满额贷款更为精打细算,为了节省利息,只有必要时才申请贷款并尽快还款,对其而言,"小、急、短、频"是它独有的特点。网商银行数据显示,线下小微经营者平均贷款金额仅7615元,平均资金使用时长为50天,6个月内贷款超过3次的经营者却达到35%。

从行业可以看出,网商银行服务的"码商"主要以服务行业的经营者为主,其中商场、超市、杂货店等零售商家占19%,教育、餐饮、家政、美容、维修等纯服务性商家达81%。

阻碍传统金融方式服务线下小微商家的主要原因是:缺风控数据、无担保、无抵押。用"码"实现线下商家的互联网化后,网商银行通过大数据和人工智能技术突破了这些限制,从而改变了金融风控的模式。

网商银行负责人指出:"传统的信贷风控理念往往先把人预设为坏人,但网商银行从不预设任何一个坏人,我们把每个人首先看成是好人,然后用大数据的风控技术把其中少数的坏人挑出去。"这也是网商银行能够在短时间内服务无数线下小微商家的原因。

很多人想了解网商贷所需的条件是什么？其实很简单，具体条件如下：

支付宝完成实名认证；

芝麻信用分值不低于600；

18～65岁中国大陆公民。

若用户符合条件，只需将自己的支付宝钱包升级至最新版本。

那么，怎么开通支付宝网商贷呢？方法很简单，按如下步骤就可以：

（1）先通过网商银行官网或者手机APP来注册自己的账户，也就是先要开通网商银行；

（2）登录网商银行以后，在页面中找到网商贷入口；

（3）点击进入网商贷页面以后就可以根据系统提示开通支付宝网商贷了。

【信用场景】 "有钱花"让普通老百姓不再为钱所困

"有钱花"是"度小满金融"旗下信贷服务品牌，"有钱花"原名又叫百度金融。原百度有钱花的定位是面向大众的个人消费信贷服务，打造创新消费信贷模式。利用百度人工智能和大数据风控技术，为用户带来方便、快捷、安心的互联网信贷服务，它的优点是申请简便、额度高、审批快、安全性强、放款快。

小花是个勤劳的农村女孩，为了给家里减轻负担，小花很早就工作了。但由于学历不够，小花只能做一些体力活，并且工资也不高。周围的人都劝她，趁年轻提高下学历，小花何尝不想，当面对高额的学费，每次都是望而却步。

某天，小花无意中看到"百度有钱花"。里面刚好有个教育分期，可以解燃眉之急。想着百度也是家大公司，总不至于骗人吧。于是抱着试一试的心态，小花申请了某教育学院的教育分期。因为分期还款很大程度上减轻了小花的负担。最后帮助小花实现了提升学历的梦想。

"百度有钱花"虽然方便好用，但其中要注意的地方可不少，主要有：

一、申请问题

1. 申请年龄要求：18～55周岁之间（特殊优质用户可放宽条件）；

2. 申请资料要求：需要提供用户的二代身份证、本人借记卡；

3. 额度申请的综合评分是系统自主判定的，有严密的风险控制等诸多因素。如果用户暂时无法获得有钱花额度，可以持续关注一段时间产品提示，看是否有变动；

4. 有钱花会查询征信，在申请时需要同意授权查询征信才可操作下一步，授信时需要查询用户征信情况。

二、额度问题

1. 有钱花的借款金额是由系统按照多维度评估标准，进行综合评估后自动给出的。

2. 每次授信需要重新进行审核。如果二次授信时评估结果发生变化，额度可能会低于首次授信。具体的要以系统审批为准。

3. 有钱花申请获得额度后，需要在30天内进行首次借款，首次借款成功后，常规情况下额度会长期有效。

4. 如果申请用户经常发生逾期或者有其他信用不良的情况发生，有钱花可能取消或降低用户额度。

5. 系统会自动根据用户情况进行打分，并对符合条件的用户展示提升额度入口，用户可以在有钱花APP首页查看。系统会不定期更新用户的个人评级，按时还款有助于提高额度。

三、还款问题

1. 用户在可还款时间内，登陆【有钱花APP】-【我】-【我的贷款】-【去还款】进行还款；或登陆【百度钱包APP】-【我】-【我的贷款】-【去还款】。

2. 逾期将收取罚息，自逾期之日起，每天对逾期金额收取约定利率150%的罚息，直至逾期还清。用户的逾期记录将被上报中国人民银行征信中心，将影响信用记录，珍爱信用，请按时还款。

3. 关于提前还款，除借款当天，用户可以随时发起提前还款或部分提前还款，利息按实际借款天数计算。

4. 提前还款暂不收取提前还款手续费，系统将自动计算用户的借款截止到当天的利息。

四、征信问题

作为纳入国家正规监管的消费信贷服务产品，有钱花已与央行征信对接，如产生逾期会对用户征信有所影响。

【信用场景】京东金融现金借贷服务，信用值千金

京东金融为信用良好的用户量身定制的现金借贷服务。

早在2016年3月27日，京东消费金融就发布了收款现金借贷产品——"金条"。"京东金条"是"京东白条"信用在现金消费场景下的延伸。根据"白条"的大数据模型和信用评估体系，给有现金需求的"白条"用户更丰富的消费金融产品体验，用户在各种场景都能实现购买愿望，满足现金需求。京东金条也可以说是跟蚂蚁借呗相似的借贷品牌。

陆先生一直想着未来可以返乡创业，准备回家建个牧场，在合伙人的推荐下，陆先生申请了京农贷，他在无须担保的情况下就借到了10万元。实现了自己的创业梦。

"互联网信贷+保险+担保"的模式是京农贷养殖贷的新征程，为农户提供贷款帮助。

对陆先生来说，京东金融有哪些优势呢？

满足养殖农户生产所需流动资金和固定资产贷款；

第7章
贷款这条路：且行且珍惜

还款方式灵活，按日计息，到期利随本清；

保险和担保共同提供外部增信，提高风控管理能力。

如果想开通京东金条，就必须满足相应的条件。比如：申请者必须经常使用京东的产品，并保持良好的使用记录。如果你是第一次使用京东商城购物，将不能顺利申请京东金条。京东有自己的风控机制，它会按用户平时的信用情况、资产情况和消费特点进行综合评估，最后决定是否给用户开通京东金条借款功能。

如果用户无法开通，那就得多使用京东的产品。打个比方，你可以多在京东上买东西，以增加消费金额、良好的信用记录和消费订单，这样开通京东金条的概率就会大大提高。如果你手上有多余的钱，也可以投资京东的理财产品，这里面的收益还是很可观的，你可以通过这种方法增加自己在京东上的资产，这样也有利于京东金条的开通。

【信用场景】360借条帮助年轻人寻梦

360借条是360金融旗下个人及小微信贷平台，360借条在2016年9月上线，并基于360大数据对客户信用进行评估，并在此基础上提供即时到账的消费贷款。360借条依托360集团先进的互联网安全技术及大数据技术，基于海量用户信用数据及行为数据，致力健全国内个人信用体系，提高金融服务效率，降低成本，为有融资需求的社会各群体提供可靠的金融服务。

2018年，很多综艺节目都以街舞为主题招募大量有梦想的年轻人，一经播出就占据了各大热搜榜单。比如《这就是街舞》这一节目，就出现了battle人气选手石头，石头以精湛舞艺收获了大量粉丝，并携手360借条为品牌造势。

石头作为一名专业舞者，他已经为自己的舞蹈梦默默打拼18年，就算再苦再累，他始终向着自己的目标前进，这样的勇气值得被肯定。而360金融旗下的360借条，起源于360大数据安全基因，致力推动消费信贷行业的安全发展，为有梦想、有才华的年轻人提供借贷服务，石头就是受益人之一。

出名的同时，石头也没有忘记自己的厨师梦，依然经营着石头餐厅，在为生活奋斗的路途中，他从来不曾放弃，最终获得鲜花与掌声。"为梦想struggle，借钱不battle。"这也正是360借条的品牌理念，让借钱不再困难，给予年轻人最强大的借贷保障。

人生在勤，不索何获，石头之所以能够在舞台上表现得如此出色，缘于十八年如一日的坚持与拼搏。出乎许多人的意料，石头在学习街舞之前，还曾是一名持有三级证书的专业厨师。石头学习厨艺的时候很认真，机缘巧合之下接触到街舞，凭借专注做好每一件事的信念，才取得了现在的成就。

360借条作为备受消费金融关注的品牌，从上线以来就发挥了360集团的大数据优势，根据现在金融信贷风险控制的切实痛点，以升级风控体系和技术的完善实现了金融信贷业务的高质量风控。这么做有两点好处：

1. 提供对应额度

通过大数据技术和互联网安全技术可以建立用户画像，用大数据给每位用户提供对应的贷款额度。

2. 启用生物识别技术

用户在注册360借条时，必须完成3个角度智能面部识别。360借条可以运用智能识别用户的面部信息，最后匹配用户和身份证。这种做法可以使盗用身份借款的风险降低，对打击冒充身份借款是非常有力的措施，流程极简，审核快捷，快速到账。在账号隐私安全层面，拥有全球领先的防护技术。

360借条主张"安全借钱，闪电到账"。这个做法得到了年轻消费者及高质客户的信赖。极光大数据发布的《2018年5月移动消费金融观察》显示，461万新增用户偏好支付宝、QQ邮箱、58同城等手机APP，除支付宝外，top10排行榜中还包含了三款金融类App，分别是中国建设银行、360借条、中国工商银行。

【知识导读】新金融生态圈下的成长迷思

小玉是位爱美的女孩，但总感觉自己的颜值不够高，谈恋爱、找工作都受到很多限制。近日，怀着对美的极大渴望，小玉来到一家医疗整形机构咨询整形美

第 7 章

贷款这条路：且行且珍惜

容项目。看了很多经过整形的朋友对比照片，确实变美了。小玉决定选择整形项目。

可是，小玉听到医院的报价，有点无奈。自己初入职场，本身收入就不高，每月还要租房、消费，基本上也没有什么积蓄。这时，一家金融公司向小玉抛来了橄榄枝，让小玉办理分期贷款，马上就可以进行手术。

小玉按照流程填写个人信息资料，顺利通过了贷款审批。可谁知，小玉还款时傻了眼，分期利息这么高。当初金融公司为了拉业务，根本没有跟她沟通清楚利息的事。第二个月，小玉就逾期还款，有了不良信用记录。

根据人民银行数据显示，截至 2018 年 12 月，我国金融机构个人消费贷款余额为 37.79 万亿元，同比增长 19.90%。自 2016 年以来，我国个人消费贷款余额增长较快，但增速逐步下降。从结构来看，2013—2018 年，短期个人消费贷款增长有限，2018 年为 8.8 万亿元，而中长期个人消费贷款增长迅速，2018 年 12 月底达到 28.99 万亿元，占比 76.7%。

科技浪潮下，互联网江湖英雄尽起。2013 年以来，互联网大潮席卷各行各业，零售、餐饮、出行、文娱等产业相继完成互联网改造，线上场景越发兴盛，对线上金融提出需求。

而金融业，一直处于国民经济金字塔尖，虽服务实业，又俨然高于实业。在塔尖待久了，传统金融机构习惯了躺着赚钱，对实业新趋势视而不见，越发脱节，线上化动力不足。线上金融严重滞后于线上场景，"被逼无奈下"，线上场景方乘虚而入，开启了场景金融探索，互联网金融崛起了。

以芝麻信用的早期推广为例，早期吃螃蟹的趣店（来分期）、马上消费金融、招联消费金融等，说好是与芝麻信用合作，却意外被支付宝的流量砸中了头，爆发式增长，相继成为消费金融界的黑马。

信用经济虽然家喻户晓，深入到我们生活的各个领域，但也许是因为来得太快，从信用经济的诞生到茁壮，发展过于迅猛，很多时候我们似乎是被信用经济推向了风口浪尖，自己还不知道前行的方向。正所谓"当局者迷"，说的可能就是这种情形。面对信用经济的推波助澜，新金融如何以优美的姿态冲浪，是一个

信用经济
——建立信用体系创造商业价值

值得思考的话题。

尝到互联网金融甜头的从业者非常不想就此忘记之前以粗放的方式来获得用户和流量增长；同时，信用体系的越发完善，让粗放式增长的道路越走越窄，简单地将金融与信用、渠道、平台、科技等进行对接，是无法在当今的时代立足的。

面对迷茫，最好的办法是静下心来思考该如何实现突破，走出迷茫圈。可喜的是，我们看到了很多互联网金融模式正在不断创新、转型和升级，说明很多新金融生态已经认识到了信用经济时代，不创新只有自取灭亡。信用经济的触角只会越伸越长，不会因为生态圈的迷茫而等待，放慢前进的脚步。

【知识导读】互联网金融的优势和发展趋势

成长会带来阵痛，短暂的痛可以唤起更大的发展。新金融越来越意识到用户需要呵护、培育，不能只是期望从用户身上挤奶。很多时候，我们发现互联网金融出现矛盾冲突的焦点是双方没有换位思考，造成用户信息接受不够，其实根源还是我们对于用户的关注度不够，仅仅只关注了结果。因此，让用户自觉产生信用理念，比单向的灌输和说教更有效。

一、互联网金融

新金融生态圈往往很多时候只是降低了用户融入新金融的壁垒和成本，但是在风险规避和控制方面没有给用户空间和时间去消化，用户就不会有意识地评价项目，更不会形成一种自发的概念和能力，最终钻进了死胡同，让互联网金融的不可控风险进一步增加。其实，换个角度来想，让用户自己来分析评价一个项目价值是否可取，用户就不会仅仅只关注收益这个单一指标，而是会逐步找到更多元的评价方式来衡量。

这样，也能够为新金融生态节约大量的人力成本，同时有效化解了用户的矛盾和冲突。因此，比以往任何一个时代更加关注用户，使用户成为风控的参与者和负责人，不失为成长阵痛中的一剂良药。

很多人会提到互联网金融只是"去中间化"，没有触及深层次的改革创新，多数是表面功夫,结果只是换汤不换药,金融风险继续蔓延。所以,治标不治本的"去中间化"只能是一种思考,不是新金融的方向。

过去的几年,国内在消费金融方面呈现出前所未有的爆发式增长,各种创新模式、创新场景和创新产品涌现出来,不断地改变着中国人的消费习惯。在众多的消费金融主体类型里,互联网金融表现最为突出,而且优势明显。互联网金融完全没有直接和银行信用卡竞争,而是对准了传统金融服务不到或者不愿意接触的蓝领和年轻群体,最终以弯道超车的方式拓展消费金融市场。

二、互联网金融的优势

1. 市场空间大

为了预判一下消费金融未来的走势,我们回顾一下用户的消费需求和习惯,来分析出这个行业的特征和变化。其中以做汽车金融和分期业务的美利车金融的数据为基础来分析一下这个行业的发展、平台运营以及用户维度,看看有哪些有意义的行为特征(见图7-1)。

美利车金融2016年交易金额较2015年增长了226%,累计帮助10万购车人购得了自己的爱车

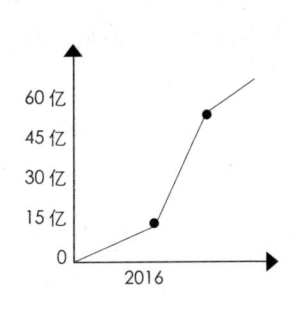

预计2020年我国居民消费信贷规模可以达到十万亿

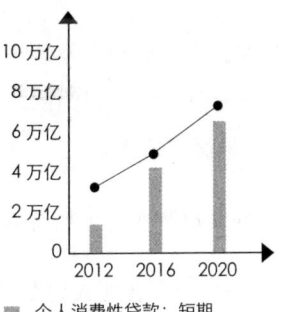

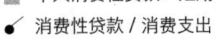

2016年有用分期累计贷款额达30亿,服务用户超过90万

图 7-1 消费金融蓝海

从互联网消费金融崛起的那一刻起,就已经证明了消费市场存在巨大的空间,

预计到 2020 年，我国的消费信贷规模将达到 10 万亿元。据不完全统计，获得银监会批准的消费金融公司就多达几十家，而游离在行业中间的还有近万家各种小贷公司，同时有两千多家平台也在参与相关业务。

从消费市场来看，随着城镇居民可支配收入的持续增长，消费升级的趋势越发明显。同时由消费升级带出的服务消费也在增长，这些数据都进一步证明消费金融需求的未来会不断扩大。由数据理论聚焦到具体产品上看，消费的类型主要集中在 3C 数码以及汽车金融等垂直领域。

美利车的数据显示，他们的贷款金额从之前的 15 亿元一年内就增长到了 60 亿元，增长 226%。而有效的分期贷款已经达到了 30 亿元，服务用户超过百万。仅从数据来看，就知道消费金融的发展势头有多猛。

2. 互金平台的创新

提到消费金融，就需要提及一下行业热词"场景"。我们知道，最初的互联网消费金融都是依托场景而诞生的，比如"花呗"和白条。从两年前开始，各大互金平台都开始意识到"垂直细分场景"才是取胜的核心。就如同美利车总结的一样："场景化消费金融的终点是用户，用户到哪儿，服务就到哪儿。"在过去的一年里，不管是线上的场景还是线下的布局，场景就是金融生态布局的必经之路。

从全国百万用户的画像上看，美利车发现了一些用户行为习惯和特质，比如几个中部大省反而消费观念超前，用户履约的能力也在全国前列。这反映出落后地区的朴实特质明显比发达地区更珍贵。

3. 金融科技的出现让分期消费变得更加有效率

在消费金融没有出现以前，一个普通人想要借到 5 万元，需要四处向亲友筹集，耗时费力不说，还要背负人情债。自从互金平台出现之后，一个平台用户想买一部手机，借款审批只需要等 10 分钟，就算分期购车，也不过是个把小时的事。

信贷审批的时间，折射出的是风控审核从人工向职能的转变，更多的平台为了提高风控审批效率和准确性，更是把大数据引入到审核当中。通过对用户行为画像、个人信息、征信信息进行交叉验证，很快就能有效锁定目标客户的资质，这对提高服务效率，避免欺诈和逾期有很好的帮助。

4. 从爱面子到爱分期

另一个方面，在使用消费金融产品中的 70% 的用户，月收入只有三千左右，而中低收入人群，尤其是普通打工群体更愿意享受分期服务。尤其是 18～35 岁之间的年轻人，他们正处于人生的黄金阶段，有各种消费的需求。为了提高生活品质以及个人成长的需要，有很强的消费意愿。

不过，这些人收入偏低，超过一半的人都没有积蓄，当强烈的消费需求和收入不匹配时，就需要依靠分期来缓解压力，所以金融市场上的分期缺口巨大。能够拓展这部分信用卡不支持的人群提高生活质量，提高他们的消费金融服务的可获得性，本身就是一种行业创新。

以往我们不习惯借钱，更多是因为面子的原因；而现在，借钱的快捷方便，面子的问题不存在了，那么消费分期就成为生活常态。

三、互联网金融的发展趋势

随着年青一代逐渐成为消费市场的主力军，国内的消费观念也在发生着转变，提前消费的理念正在被慢慢地接受。相比上一辈人的勤俭节约、量入为出，年轻人更容易冲动消费，他们对未来充满乐观，更加追求生活的品质，乐于花明天的钱办今天的事儿。

无论是互联网金融本身，还是外部监管层面，互联网金融都在经历一场前所未有的挑战。在人们都在探索互联网金融进化新方向的时候，我们可以从巨头们那里窥探到金融进化的新趋势。具体来看，主要包括如下几个方面（见图 7-2）。

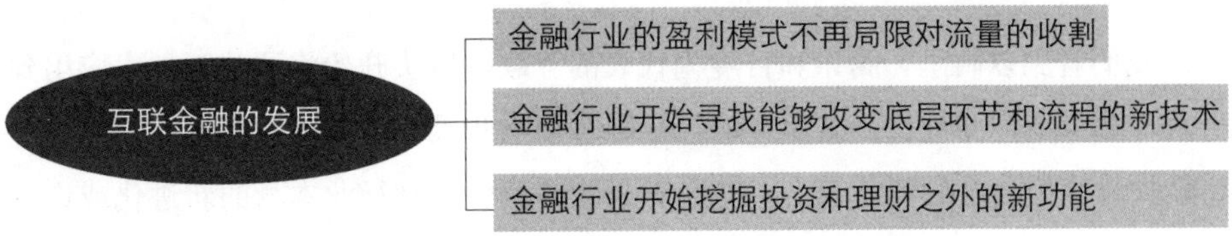

互联金融的发展
- 金融行业的盈利模式不再局限对流量的收割
- 金融行业开始寻找能够改变底层环节和流程的新技术
- 金融行业开始挖掘投资和理财之外的新功能

图 7-2　互联网金融的发展趋势

1. 金融行业的盈利模式不再局限对流量的收割

互联网金融时代从本质上来看，其实是一个流量收割的过程。通过将投资者和借贷方集中到同一个金融平台上实现金融对接，互联网金融平台可以获得中介费或服务费的抽成。这种模式是建立在流量极大极丰富的大背景下，当流量见顶的时候，金融行业以流量收割为代表的盈利模式开始遭遇困境。

当下，越来越多的互联网金融平台开始通过转型升级来寻找流量收割之外的盈利模式，通过金融相关的赋能，金融相关的挖掘，人们开始找到更多新的盈利模式。无论是挖掘金融本身的新功能和属性，还是寻找金融与实体行业的结合点，我们其实都在寻找流量之外的新盈利模式。

基于这种逻辑，我们几乎可以确定是未来金融行业的盈利模式将不再仅仅只是局限在对流量的收割上，而是开始从更加深度的角度着手来寻找新的盈利模式，从而真正将金融行业的发展带入到一个全新的时代。摆脱对于流量的依赖，寻找新的盈利模式或许是金融行业再进化的一个主要方向。

2. 金融行业开始寻找能够改变底层环节和流程的新技术

正如前文提到的那样，互联网技术仅仅只能对金融行业进行"去中间化"的处理，并不能真正改变金融本身的流程和环节。当金融新进化开启，人们开始寻找能够改变底层流程和环节的新技术。

大数据、云计算、智能科技以及区块链技术逐步成熟和落地都在为我们打开一扇深度改变金融行业流程和环节的新大门，通过将这些新技术应用到金融行业的具体流程和环节当中，我们可以改变金融行业本身那些互联网技术无法改变的痛点和难题，从而将会开启一个全新的发展阶段。

我们看到以阿里、腾讯和百度为代表的互联网巨头开始将这些新技术应用到金融行业身上，并且找到破解金融行业固有痛点和难题的方式和方法。只有通过将新技术应用到金融行业身上，并且真正能够改变金融行业本身的新进化或许才是未来的主要发展方向。

3. 金融行业开始挖掘投资和理财之外的新功能

通过京东金融的改名、蚂蚁金服对于金融服务的不断强调，我们就能够感受到这些入局者对于金融新功能的挖掘。当金融行业的发展从互联网金融时代进入到新阶段时候，人们开始寻找投资和理财之外的新功能。

无论是数据、生活，还是社群、社交，其实金融行业本身都有很多的新功能，我们只有找到金融行业的这些新功能，并且能够找到这些新功能生长的土壤，所谓的金融行业才能实现新进化。对于金融新功能和新属性的挖掘，将会真正将金融行业的发展带入到一个全新阶段。

只有将金融行业的新功能和属性看成是未来的主要发展方向，才能告别互联网金融时代的发展模式，真正将互联网金融的进化带入到全新阶段。无论是传统金融机构，还是新生的互联网金融玩家，都在将新功能看成是未来的一个发展方向。

互联网技术本身的局限性最终让互联网金融仅仅只是一个过客，金融科技化再度进化成为一种必然。这也是为什么以蚂蚁金服、京东金融为代表的巨头们之所以掉转航向的原因所在。或许，只有真正改变金融行业本身的内在逻辑，才能将金融行业带入到新阶段。

P2P引发的思考：网贷行业到底有没有未来

P2P是peer to peer lending的缩写，意思是个人对个人或点对点的网络借款，它主要将小额资金进行聚集，再借贷给有资金需求的人群。P2P属于民间小额借贷，也属于互联网金融（ITFIN）产品的一种。2018年，仅上海地区的P2P违约规模已达2000亿元以上。2018年8月8日，全国互联网金融整治办向各省（自治区、直辖市）、深圳市互联网金融整治办下发了《关于报送P2P平台借款人逃废债信息的通知》，要求P2P平台尽快报送老赖信息，这时P2P才真正广为人知。

【信用场景】e 租宝网贷行业炸响的第一颗雷

不知什么时候起,我们身边的众多广告已经悄悄地换上了各种网贷平台的贷款广告了,眼花缭乱的贷款类型让人目不暇接。同时,各种投资渠道五花八门,一时间竟让人欲罢不能。这些所谓的新的投资理财、融资渠道,让很多人渐渐迷失其中。

"一入网贷深似海,从此上岸是路人"这句话不是没有道理的,因为的的确确有些网贷害人不浅,比高利贷还要坑人,比如最近网上频繁曝光的"套路贷"、714 "现金贷"等。所以,不要一看到网贷就盲目地申请,分清楚自己的贷款是什么性质的,还是很有必要的。

在金融消费网贷快速发展的同时,也有不少的问题出现,一些平台问题不断。第一起引起广泛影响的 P2P 问题曝光的公司就是 e 租宝,2015 年 12 月 16 日,业内突然传出消息,e 租宝涉嫌犯罪,被警方立案侦查,在随后公布的通告来看,e 租宝涉嫌非法集资高达 500 多亿元,哀鸿一片。

在此之前,业内看到的是 e 租宝的风光,这家公司曾经疯狂地在央视打广告,同时吸收大量的投资者加入,光是平台成交数据就高达 700 多亿元,吸收投资者 90 万人,一跃成为行业排名的领头羊,成为众多人投资的梦想。

但是这些都只是表面现象,真实的 e 租宝其实就是一个庞氏骗局,e 租宝公司管理层拿着钱随意挥霍无度。例如,e 租宝的创始人丁宁,私生活奢靡,光是赠与他人的现金、不动产以及奢侈品,就高达 10 亿元以上;其中仅他的女秘书一人,就获赠价值 1.3 亿的新加坡别墅,还有上千万的钻戒、名表和豪车,另外还有 5.5 亿元的现金。

e 租宝问题暴露之后,对整个网贷行业产生了深远的影响,一时间整个行业的投资人都想赎回资金,这让众多的 P2P 平台都受到牵连。不过,因为消费网贷市场的繁荣,整个行业在稍微震荡之后,又很快归于平静。利润,永远是推动行业发展的动力源。

第7章
贷款这条路：且行且珍惜

【信用场景】套路贷带来的悲剧

2019年2月26日，西安一名21岁女孩跳楼自杀，自杀原因是该女孩不堪背负巨额贷款。女孩父亲冯先生说，女儿从17楼跳下后全家人痛不欲生，后在整理女儿遗物时发现女儿已经还了3年网贷，整理出来的借款还有13万至17万元，该网贷涉及多家平台，冯先生想要调查真相却遭到了催收人员的辱骂。

2019年4月11日，一家网贷平台客服人员对记者表示，如果用户借款逾期，放款公司就会找人向用户催收，如果联系不到用户个人就会直接联系其家人，平台此前也接到过遭催收人员的辱骂和投诉。冯先生称，自己一家在山西生活，女儿小冯在西安工作，自己是在2019年2月26日凌晨才得知女儿死讯，女儿去世时年仅21岁。

女儿去世后，冯先生整理女儿遗物时却发现女儿手写的账单，冯先生说："手写的几张纸应该是女儿和闺蜜一起整理的，都记录了应该还钱的日期和金额。"目前整理下来，冯先生的女儿从2015年11月开始就在十几个网贷平台上欠下13万至17万元的钱。

2019年3月份，冯先生还收到了催收电话和微信，冯先生说；"我现在每天都接到几十个电话，电话号码不同，显示的地址也不同，对方不是用固定电话打来的。"冯先生将微信截图给记者，说有催收人员每天不停地辱骂自己和女儿，并威胁他们全家。

网上曾经流传过这样一个段子：有一位孤儿从网贷平台上购买了一个手机，但是他并没有按时还款，导致了平台借助网贷催收公司催收。让人惊讶的是，催收公司竟然帮助这位孤儿找到了他失散几十年的亲生父母。

这也许是一个笑话，但是却反映了网贷催收的可怕。打电话催人还钱，用恶毒的语言威胁对方，你以为仅仅是这样吗？不，这只是催收手段的"开胃菜"。某记者曾经卧底催收公司，见到的画面是这样的：

催收员：只要他在今天下午两点之前没有还，我会让你接到一张关于你女婿跟别人开房的照片。

催收员：谁叫你是她的母亲呢？你生她、你养她、你不好好教育她，我们会直接找到她，到时候她这边出了什么事情不要说没通知你，好吧！等我们把你的女儿名声弄臭，她不敢回家的时候，你还不还钱吗？

催收公司号称"让催收回归专业服务"，所谓的专业服务，却是让一些还不起款的大学生被迫退学。这些催收员甚至会调取借款学生的通信记录，只要和借款人联系过的，他们都会打电话"狂轰滥炸"。

2019年的"3·15"晚会，谁也没料到消费者投诉的焦点从传统的商品质量一下子转到了互联网金融上，各种名词满天飞，一时间全国都知道了坑人的现金贷、套路贷，还知道了另一个名词叫"714高炮"。瞬间，仿佛很遥远的那种摧残人性的高利贷又回到了我们的身边，我们不禁要问，金融贷款到底怎么了？

【知识导读】网贷的类型

超前消费已经成为现代人生活中的一种常态，那么与之对应的就是各种网贷平台遍地开花般的诞生。我曾经见过有人手机上安装几十个贷款APP，可以说是网贷行业的老手。可是，如果问你究竟知道网贷有多少种类型吗？你知道你申请的借贷是属于什么网贷吗？你知道你申请的网贷需要满足什么条件吗？相信很多人对此一知半解（见图7-3）。

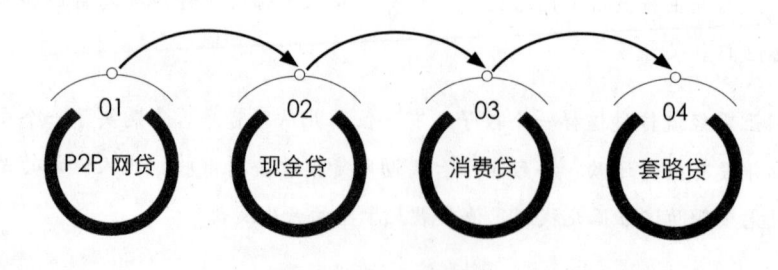

图7-3 网贷类型

网贷的类型

1. P2P网贷

P2P网贷平台又叫P2P网络借款，主要指个人通过网络平台进行互相借贷。

简单地说就是平台做中介，个人对个人贷款。借款人在第三方网贷平台上发布贷款需求，投资人进行竞标并通过网站将资金借给借款人。

这几年，P2P 这个词频繁地出现在各种新闻中，虽然很多人并不了解这是什么意思，但是大家大概也都知道这个行业是不稳定的。事实上，P2P 对中小型企业的资金需求是有很大帮助的。因为这种类型的借贷门槛低，放款速度快。

但是对于投资人来讲，风险偏大；对于借贷者来说，P2P 是一个高效便捷的平台。

2. 现金贷

说到现金贷或许很多人不知道，但是要说小额贷，那很多人就明白了。现金贷的特点是额度小、放款快、门槛低。这对于很多急需要用钱的人来说，相当于救命草。同时，由于现金贷额度小，所以用户基数非常大，因此，做现金贷的公司也就相当多了。

现金贷的方便和小额度使很多人认为还钱很容易。但现金贷所含的利率非常高。比如，很多现金贷都是短期的，一周、两周等。用户一个不小心逾期，紧跟着就是双倍本金。目前现金贷的坏账率很高，大多数催收公司都是因为现金贷衍生的。所以，选择现金贷要千万小心。

3. 消费贷

消费贷应该算是使用人数最多的贷款类型了，不管是花呗还是白条，都是属于消费贷；一些分期购买的手机、房贷、车贷都属于消费贷。可以说消费贷已经深入我们每个人的生活之中。

相比较其他贷款，消费贷属于安全系数比较高的贷款，对于很多人而言，一下子付清全款有难度，分期付款就减轻了很多负担。消费贷的缺点是只能在指定的平台使用，不能取现，和信用卡一样，套现是违法行为。

4. 套路贷

套路贷可以说完全就是现金贷的衍生品了，在现金贷平台整治的情况下，很多以贷养贷的贷友就碰上了资金链断层，最终选择套路贷以维持平衡。套路贷实际上就是打着借贷的名义进行高利贷诈骗。

套路贷基本上就是一个团伙或者个人，在空壳的情况下，通过社交平台，将受害人引诱到第三方借贷平台，诱导受害者打借条进行诈骗。有些套路贷的年利率在百分之一百以上，一旦逾期就会利滚利，最终欠下的债务是惊人的。

套路贷害人的新闻经常见于新闻，所以大家在贷款的时候一定要擦亮眼睛，选择正规的借贷平台，认真阅读借贷条款，千万不要掉进套路贷的陷阱。

以上就是我们最常见的几种网贷类型。我们应该明白，网贷并不都是害人的，更多的时候借贷是为了解决我们的需要。但是这并非鼓励我们过度消费，大家在网贷之前一定先衡量一下自己的还款能力，确认自己能够承担什么样的贷款，再去选择适合自己的贷款类别和正规的贷款平台。

【知识导读】网贷行业发展趋势

在经历监管的风暴之后，互联网金融行业的发展愈加成熟。那些利用互联网金融的概念牟取利润的平台终被淘汰，只有那些正规经营互联网的金融行业才能立于不败之地，那些利用互联网技术切实解决金融行业难题的平台将是未来发展的主力军。

很多人会认为消费金融贷款是传统服务，实际上 P2P 是典型的新生事物。2005 年 3 月，英国伦敦诞生了世界第一家 P2P 公司 Zopa。其六位创始人都是用过 EGG 网络银行的高管。从一开始，Zopa 就出身高贵，金融背景很强，其 CEO 把 Zopa 定位成连接贷款者和借贷者的一个互联网平台。

一、中国 P2P 行业

2007 年 6 月，中国的第一家 P2P 公司拍拍贷诞生于上海，拍拍贷是国内第一家用纯信用无担保开展借贷的平台，同时，它也是第一家由工商部门批准的 P2P 企业。拍拍贷的四位创始人都是上海交大毕业的理工男，公司成立之初也是很艰难的，直到获得红杉投资才存活下来。

第7章
贷款这条路：且行且珍惜

在开始的六年，中国的网贷行业发展非常缓慢，大家几乎都没听说过，一直到余额宝的诞生。应该说余额宝极大地诱惑了投资者，刺激了投资人。之后，网贷行业获得的投资就越来越大，行业得到迅猛发展。

2017年初，国内以钱荒和流动紧张为标志的金融去杠杆正式拉开序幕；当年4月，随着银监会推动的严管风暴，金融机构进入到全面去杠杆时代。在金融强化监管下，首先表现为M2增速的下降，一直到2018年才出现社会融资增量的下跌，这代表金融去杠杆效果的成功，主要原因就是融资萎缩。

2018年5月，国内M2余额174.3万亿元，同比增速为8.3%，和4月持平；社会融资规模存量为182万亿元，同比增速10.3%，处于回落状态。尤其是5月份，社会融资规模增量仅7608亿元，环比下降较多，同比少增3023亿元。从数据来看，整个金融体系的流行性收紧，是这一轮危机最重要的原因。M2增速放缓之后，P2P行业的贷款和新增投资人也在下滑，这个时候一些违规进行限期错配的平台，就很容易出问题了。

不少企业在大环境背景下贷款途径受阻，为了寻找出路，大量的资金开始流向P2P行业。但整个行业的资产利率高，若企业不能按预期发展，将很难按时还款，也就会加快P2P行业的资金风险，尤其是高回报率的网贷类型。如果只是消费类金融的类型则稍微好点。

随着无数网贷平台跑路及逾期事件，网贷行业陷入了最黑暗的时期，也可以说是劫难。数据显示，2018年有近二百家网贷平台在不到两个月的时间逾期、跑路、转型、清盘，四大高返平台中的唐小僧和联璧金融接连垮台。面对严峻的现实，无数激进者称网贷就不应该存在。

网贷业到底有没有未来？

曾经一度辉煌的网贷业，其实一开始就存在致命的缺陷，只是e租宝的事件引起国家层面的重视才开始监管。这其实是大多数网贷平台本身模式存在错误，网贷追求挣快钱，慢慢演化为发假标、设资金池、自融以及庞氏骗局，再加上之前实体经济的衰败、金融监管部门需要去调整，从而使不法网贷有可乘之机，最后导致网贷问题爆发。

网贷行业作为互联网金融的分支，弥补了传统金融的不足，满足了中小微企业的需求，网贷在中国的迅速崛起说明了其存在是有必要的，并且是不可或缺的。监管部门对互联网金融行业的整治，必将使网贷业走上合规、有序的发展轨道，其未来将变得更加健康、更加规范。监管趋严之下，互联网金融的业务边界已经变得越来越清晰。

未来，只有在提高金融资源配置效率方面有积极意义的业务，才能走得更加稳健、长远。大乱必将大治，大治之后，还给网贷行业的一定是晴朗的天空。

二、网贷行业未来五年发展的趋势（见图7-4）

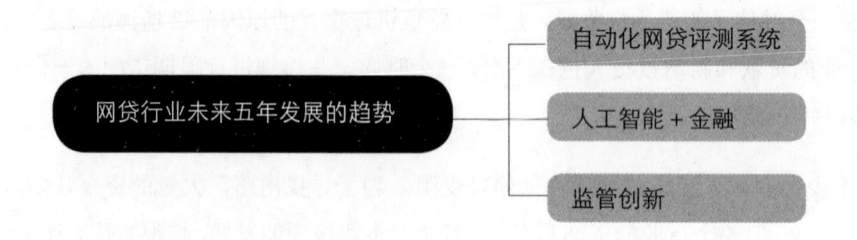

图7-4　网贷行业未来五年发展的趋势

1. 自动化网贷评测系统

如今的网贷评测大部分是网贷行内人士对某个平台的主观评测，所以听起来很片面，也不客观，网贷平台数量众多也导致了耗费人力的现象。

但在将来，将会出现自动化的网贷评测系统，这种评测系统依附于大数据和规定的评判标准，只要投资者输入平台名称，系统就会主动告知投资者关于网贷平台的重要信息。

2. 人工智能+金融

在不远的将来，以支付和网贷为主的互联网金融行业，将随着人工智能的发展延伸出更多的发展空间。现在流行于欧美金融行业的智能投顾是人工智能在金融投资理财领域的初级应用。也许有人不知道智能投顾是什么,其实智能投顾就是通过算法和模型定制风险资产组合的一种顾问行为,也可以说是人工智能+投资顾问的结合。

3. 监管创新

在如今这个时代,网贷随着社会发展形势而不断变化,监管层在将来也会有新的改革。相对于网贷的质变行为,监管及监管政策更需要在规则和方式上改革。比如国内的自贸区,它的形成与发展离不开网贷监管层实行的区别化对待。监管部门可以设置一定的规则和门槛,以便选出有实力的优质平台。监管层在大范围内施行普行的监管政策与条例,在筛选出来的平台中则可以划定区分,放宽监管条件以激发网贷行业的创新力。

综上所述,网贷行业未来五年发展的趋势会给网贷市场带来什么样的变化,我们拭目以待。

第 8 章

第三方支付：且看我一直在努力

近年来，在国家政策的支持下，在政府监管部门的指导下，我国支付结算行业继续保持快速发展态势，支付结算行业的参与者日益庞大，社会关注度越来越高；支付服务产品日益丰富，零售支付创新不断，移动支付引领世界潮流，支付结算市场布局日益优化，支付效率不断提高。

支付结算业务快速增长，异军突起的支付行业

根据易观（Analysys）发布的《中国第三方支付行业专题研究2018》的行业专题分析报告，2017年全国共办理非现金支付业务1608.78亿笔，金额3759.94万亿元，同比分别增长28.59%和1.97%，非现金支付交易对高频小额支付的覆盖面持续提升，支付结算业务量快速增长。

近年来，支付服务市场非银行支付机构异军突起，非金融机构受益于新兴技术与支付业务的结合，非银行支付服务成本持续降低，支付效率大幅提高，客户体验不断提升，业务规模急剧扩大，成为我国支付服务重要的提供者，在一定程度上正在冲击银行业金融机构的市场主导地位。截至2018年1月5日，我国共有243家非银行支付机构，其中预付费卡发行与受理146家，互联网支付110家，银行卡收单61家，移动电话支付48家，固定电话支付8家，数字电视支付6家。

除此之外，移动支付继续延续高速发展的势头，从2013年的1.3万亿元快速增长到2017年的超过109万亿元。行业整体增速连续4年超过10%。2018年第一季度交易规模已经突破40万亿元，达到40.36万亿元，环比增长6.99%，除支付宝、百度、财付通、京东等巨头电商企业外，国内领头互联网企业及实体企业也纷纷布局支付行业，如万达集团董事长王健林收购了快钱支付，小米手机雷军也收购了捷付睿通支付。国内支付业务进入了高速发展时代。

【银联云闪付】支付先看云闪付，全民开启无卡支付时代

在如今这个时代，如果你还在用现金付款，那你就"过时了"，现在最流行的付款模式是手机付款，只要在手机上安装付款APP，你就能实现一键付款。下面，给大家介绍一款常见的付款APP——银联云闪付。

第 8 章
第三方支付：且看我一直在努力

一、银联云闪付

银联云闪付APP于2017年12月11日正式发布，"云闪付"是在中国人民银行的指导下，由各家商业银行与银联共同开发建设、共同维护运营、汇聚产业各方之力的移动支付统一入口平台，消费者通过APP可绑定和管理各类银行账户，并使用各家银行的移动支付服务及优惠权益——从银联二维码扫码支付到各类手机Pay开通申请，从信用卡全流程服务到Ⅱ、Ⅲ类账户开户，从个人实时转账到各类场景消费支付，只要通过手机可以操作的支付功能都将陆续在"云闪付"APP内实现。

同时，为了让用户清晰辨识使用"云闪付"的各类场景，优化后的银联视觉识别体系（VI）全新亮相。

此次产业各方共同推出移动支付APP，按照统一接口标准、统一用户标识、统一用户体验的原则，秉承了中共十九大提出的"坚定不移贯彻创新、协调、绿色、开放、共享的发展理念"，是支付产业深化金融创新应用、推动零售支付回归便民本源的重要举措。

银行业统一APP是商业银行、中国银联等产业各方协力同心、共建共享的移动支付产品，是对银行业长期合作的进一步深化，体现了银行业的集体智慧。商业银行与中国银联秉承"三个统一"（接口、标识、体验）原则，尊重产业各参与方的诉求，并肩完成了首期联合开发。

作为统一入口，"云闪付"APP汇聚银联及各大银行的支付工具、支付场景及特色服务，主要呈开放式平台全连接、统一入口全打通、多元场景全覆盖、特色服务体系全汇聚四大特点。

周末，排队站在超市的收银台前足足等了十分钟；清晨，乘坐公交车前摸摸口袋没有零钱，赶紧跑到小吃店换零钱；我想很多人都有如此这般的尴尬经历。终于迎来了支付的革命，确实是革命，完全颠覆了我们的想象力，不用现金，支付宝、微信的支付场景比比皆是，大家已经再熟悉不过了。

云闪付，这种新的支付手段也开始越来越多地出现在了我们支付的场景中（见

图8-1）。就如同中餐、西餐的口味不同，现代人对支付方式的选择也因人而异，各有各招。但我想终究被人们所接受的、广泛流行的支付方式肯定是轻松、便捷、安全的。

图 8-1 云闪付

近年来，中国移动支付飞速发展，2013年1月至2017年12月，移动支付规模增长已经超过20倍，但同时社会支付成本也不断提高。此次统一APP的推出，将统一用户体验，通过鲜明统一的用户标识，降低用户学习成本，充分实现用户个性化需求。

值得注意的是，云闪付的数据正在发生微妙的变化，益普索发布的最新数据显示，云闪付渗透率已达到18%，位居行业第三，较2018年9月（11.6%）明显提升。云闪付APP用户数已超过1.5亿人。

相比于现有支付宝全球10亿用户以及微信月活跃10亿用户，银联的1.5亿用户仅是星星之火。不过亦有业内人士指出，金融支付属性的APP在中国用户可以过亿的，除了支付宝、微信之外，就是云闪付了。特别是在这么短的时间内达到了这样的量级，从量变到质变之后，后边或许会有更多的故事发生。

随着信用经济的触角越伸越远，金融科技的平台、渠道争夺日趋激烈，智能化、数字化的移动支付方式越来越多地被世人所接受。支付宝、微信、云闪付，这样

第 8 章
第三方支付：且看我一直在努力

一个又一个让人爱不释手的支付方式，正在让"无现金社会"的年轻人有种坐在云端的优越感，体验那叫一个爽。

近日，深圳有一则专门针对云闪付乘坐公交车的促销广告（见图8-2）。

2018年3月1日至3月31日，每周一至周五，活动期间，凡使用绑定指定银联卡的手机或移动设备支付公交车费用，通过银联云闪付，乘车消费金额在2元以下的，可以享受"1分钱乘车"优惠。乘车消费金额超过2元的，可以享受"立减2元"的优惠。

公交车，可以说是老百姓接触最多的消费场景。一分钱乘坐公交车，是在培养大众的支付习惯，用让利来吸引用户捆绑云闪付。

图 8-2　云闪付乘公交广告

相对于大众熟悉的支付宝、微信，银联的云闪付可谓起步较晚，支付宝、微信早就已经夺城掠地，占去支付市场大半江山。这里面，还真是有个曲折的小故事。

一开始，阿里巴巴的创始人马云曾来到中国银联位于上海的总部，拜访中国银联的管理层。马云的淘宝做得风生水起，为什么来找银联？原来马云是为了谋求一种跟银联之间的合作，以解决淘宝长期以来在支付问题上的困扰和壁垒。

当时，银联从专业的角度评估了项目的可行性，认为方案很好，但是实际操

信用经济
——建立信用体系创造商业价值

作成本太高。而银联当时的工作重心是线下拓展，线上支付业务量还没有打开，在这样的背景下，银联最终放弃了跟马云的合作。

现在，手机支付已经是家常便饭的事，渗透到我们日常生活的方方面面。当人们在肯定支付宝的体验感、智能化的时候，或许不会有人想起当年银联与马云之间的故事。当人们看到今天的云闪付再战江湖的时候，也不会有人质疑银联的眼光不够长远。时过境迁，当年的故事如同水面的浮萍，已经散落，没有人会去纠结那时的对错。

马云找到银联合作的时候，银联线上支付还是一片待开发的蓝海，线下支付才是银联的主战场。然而，让银联做梦也没有想到的是，迭代式革命不是传统思维模式的升级，而是另辟蹊径，在没有人尝试的地方找到一条新路。走的人多了，便成了路。就在银联长枪短炮占领线下支付和海外市场之时，马云自己开发了支付宝，支付宝的诞生，让人叹为观止。支付宝也因为淘宝、天猫平台成为许多人习惯使用的支付方式。

此时，银联终于意识到自己失去了最好的发展机遇。从 2017 年开始，银联自主研发的"云闪付"，被越来越多的人知道并使用。并通过多种方式来补贴用户，吸引用户使用云闪付，增加用户的黏性。

云闪付是银联为移动互联网时代精心打造的一款移动支付战略产品，作为一种简单、易用、快捷的支付方式，云闪付能跟支付宝、微信等支付平台三分天下吗？云闪付的出现，给了我们更多可能，你会因为云闪付而选择移动支付吗？这些问题的答案虽然目前还不得而知，但随着时间的推移，支付方式的变革与创新还在继续。

二、云闪付的生活功能

"云闪付"APP 到底有哪些跟我们生活息息相关的服务功能？有哪些生活场景可以体验云闪付？见图 8-3。

第8章
第三方支付：且看我一直在努力

图 8-3 云闪付功能

1. 闪付生活无忧

乘坐公交车，好多人掏出手机在用"云闪付"享受优惠；在便利店、超市、菜市场，不用再拿现金找零，直接"云闪付"；医院、学校食堂都能用"云闪付"；就连路边的自动售卖机也可以"云闪付"……人们享受着"云闪付"带来的支付便利。

2. 在线申请银行卡

在电影院看到某某银行有银行卡优惠购票活动，但一时又来不及去银行申办银行卡，眼看着优惠力度很大，心有不甘，别慌，"云闪付"APP 立马搞定。你可以在"云闪付"APP 直接在线申请 II、III 类银行账户。点击"开户"，立即在线申请一张优惠银行的 III 类账户，充点钱，就可以用这张银行卡扫码优惠购买电影票。

3. 一秒复制电子卡

身份证现在已经有电子身份证，那么，银行卡也可以复制一张电子银行卡，在"云闪付"APP 里都可以实现。通过你已有的银行卡申请一张放在移动设备安全区域里的电子银行卡，这张电子卡不用刷、不用插，也无须扫码，只需要将手机靠近 POS 机挥一下就完成支付。

4. 自动识别转账

面对面扫二维码转账，已经不是什么新鲜事物。"云闪付"APP 还支持通过

219

APP 转账到他人银行卡。如果你觉得这个很平常，那么如果你不知道对方卡号想转账，怎么办？也能实现，"云闪付"里输入他人手机号也能顺利转账。因为如果对方也是"云闪付"APP 用户，可通过手机号自动识别出绑定收款的银行卡信息。

5. 跨行管理银行卡

银联云闪付与多家银行达成联盟，因此跨行银行卡的管理对于云闪付来说手到擒来！不用东奔西跑，你就可以宅在家里动动手指，什么在线办卡、什么缴费还款、查询账单、跨行转账、多账户管理等等，都成为一件轻而易举的事。再也不用担心出门带着一大堆卡，付账还要寻找相应的银行卡，费时烦琐还容易搞错。现在云闪付可以让你一目了然地管理银行卡，随时关注账户动态。

6. 周边优惠实时查

很多时候，我们不想出门闲逛，但却对周围的目标商户特别想知道实时动态，比如什么时候促销、什么时候打折。云闪付正是考虑到用户的这种潜在需求，人性化设计了体验场景，获取用户持续关注。

云闪付周边优惠实时查的功能服务，正是为了迎合时下年轻人的消费习惯和理念，针对年轻人的目标愿望捆绑了商户，达到了与年轻人心有灵犀的默契，当然会吸引大批的忠实粉丝。

7. 缴费还款全免费

"云闪付"APP 在充值、水电气缴费等公用行业服务功能上也是相当的强大。用户只需要在手机上选择区域、缴费类型、缴费单位名称，填写用户号码，就能立即查询到用户是否有欠款需要缴费，查询记录会有保留记忆。下次查询就可以更简单，当然也就不会延误缴费时间了。

用"云闪付"缴费不仅免手续费，而且还不定期发布优惠活动信息，培养用户的支付习惯。比如指定一段时间内，使用"云闪付"APP 进行缴费，单笔满 50 元可以抽奖，奖品是代金券红包，直接可以用于缴费抵扣。

8. 商城打折很优惠

"云闪付"APP还向用户推出了云闪付商城，每月都有品牌商品的促销活动，优惠力度比商场、超市更大，而且不时有免费赠送、免费试用等信息发送。针对商城新用户，还专门有大礼包，里面包含着很多商品惊喜礼券，不是一般的实惠。

现在，出国留学和境外旅游的人越来越多，"云闪付"专为这部分人群着想，APP还可以免费获取境外商户优惠券，在境外消费时只需要提供券码就可以享受实时优惠。旅游前不光可以找攻略，还可以提前存点购物券。

银联卡的使用已经覆盖世界近200个国家和地区，那么境外使用银联卡有哪些手续和优惠？刷卡购买商品如何退税？"云闪付"APP银联卡境外消费小提示，会给你答疑解惑。

"云闪付"APP的服务功能还在不断升级、完善，没有最好，只有更好。"云闪付"利用银联的平台优势，开发很多跟银行卡使用有关的服务，比如外汇汇率计算、境外挂失提示等服务。我相信，"云闪付"APP将真正成为你身边的移动支付管家。

【随行付】支付创新，鑫联盟开启新金融之路

随行付支付有限公司成立于2011年，是国内领先第三方支付公司，是隶属于香港上市集团高阳集团（股票代码：00818）旗下的综合性金融集团。随行付拥有中国人民银行颁发的全牌照支付资质：全国银行卡收单牌照、互联网支付牌照、移动电话支付牌照、跨境人民币结算服务资质牌照等。

随行付是中国支付清算协会理事单位、银联成员机构，同时拥有网络小牌ADS认证，并在之后被评为AA级信用企业，高新技术企业。在线下支付领域，随行付服务超过600万实体小微商户，在全国设有28个省级分公司，以"支付＋金融"为战略核心构建起集合了融合支付、供应链金融、消费信贷，覆盖超过200个城市的金融生态圈，致力于成为线下最大的支付场景和信用场景的生态平台。

在金融服务领域，依托随行付支付强大的开发、风控能力，融合区块链、人工智能、大数据等最新技术，建立起五大业务板块——随商贷、供应链金融、还到、

随行付钱包、用户及流量业务，为客户提供高效便捷的普惠金融服务，并已与华夏银行、百信银行、玖富、中交兴路、山东高速等数十家知名企业建立合作伙伴关系，成功加入互联网金融协会，并在第二届金融科技与金融安全峰会中，公司凭借金融科技创新实力成功登入《2018中国金融科技竞争力100强榜单》。

在区块链领域，随行付作为全国的区块链金融创新领军者，率先将区块链技术的应用于物流金融服务平台，引领了物流行业的区块链技术革命。随行付成立7年以来，"让小额支付和信用随手可得，流转便利"是他们一直不变的使命。

为响应国家"大众创业，万众创新"的号召，2017年随行付推出了一个顺应时代趋势发展的"平台+个人"的金融创业模式——鑫联盟，它是随行付为广大支付合伙人搭建的一站式服务的综合性金融销售创业平台，以自主研发的移动APP为媒介，以业务员（盟友）为推广途径，面向中小微企业提供第三方支付结算服务的业务模式。自成立以来，吸引了大量的金融行业支付合伙人，加入金融创业大潮中。目前已有上百万人加入，并开启了创业之门。

鑫联盟是传统代理模式的升级，将传统线下松散的代理管理模式向线上平台统一管理模式发展，同时对业务员（盟友）作业情况进行精细化管理。业务涵盖银行卡收单、二维码收单、银联二维码、智能收银一体机等支付类产品，同时还有网申信用卡、贷款及保险等金融增值类品。截至2018年10月，鑫联盟已经为百万盟友提供了创业机会，让每一个人的销售能力转化为长期收益是鑫联盟一直以来不变的愿景和使命。

2018年12月26日，随行付出席了由经济观察报和《中国金融》杂志举办的第四届新金融年会，凭借科技创新与技术实力，获得组委会的一致认可，荣获"卓越综合金融科技平台"。12月28日，由经济观察报、《中国金融》杂志联合主办了2018新金融年会暨金融科技（AI+金融）创新大赛，随行付凭借金融科技领域的突出表现，成功入选2017—2018年度"金融科技五十强"。一同入选榜单的还有蚂蚁金服、京东数科、360金融等企业。

2019年1月9日，随行付上榜2019胡润新金融百强榜，随着监管政策和市场环境日益完善，这也是今年新金融行业万众瞩目的"开门红"。1月10日，由零壹财经、零壹智库主办的"2019零壹财新金融年会",随行付凭借在金融科技领域的实践创新,荣获"金融科技兵器谱,科技创新实力奖",一同荣获金融科技兵器谱单项奖的企业还有蚂蚁金服、京东数字科技、拍拍贷等。

【拉卡拉】第三方支付的上市之旅

上个月,我微信群里的一个群友透露这样一个消息:"拉卡拉的人来我们这儿,说为了庆祝上市,拉卡拉三个月内扫码付,100元以内免手续费的,而且还有机会免单。"

然后就有在商业银行上班的群友起哄问是不是真的可以免单,显然关于第三方支付拉卡拉上市的事大家都是知道的。

表8-1 拉卡拉上市申报信息一览表

股票代码	300773	股票简称	拉卡拉
申购代码	300773	上市地点	深圳证券交易所
发行价格(元/股)	33.28	发行市盈率	22.99
市盈率参考行业	互联网和相关服务	参考行业市盈率(最新)	35.32
网上发行日期	2019.04.16(周二)	中签缴纳日期	2019.4.18(周四)
申购数量上限(股)	12000	网上项格申购需配市值(万元)	12

近日,被誉为2019年A股支付第一股的拉卡拉正式申购(见表8-1),发行价为33.28;拉卡拉(股票代码300773)举行首次公开发行股票,并且在创业板上市路演。

作为A股支付第一股,拉卡拉上市后的表现足够令各方期待。有媒体甚至分析称,打新A股支付第一股拉卡拉,中一签就可以大赚3.5万元。这是典型的全面看涨。

根据路演了解,拉卡拉在未来将拓展"零售客户解决方案",也就是说,拉卡拉也要做二维码、NFC、人脸识别等移动支付技术;随着募集资金到位,拉卡拉的产品线、人员,都将进一步增加,最终升级支付交易、优化客户服务以及提升零售客户的体验感。

我们都知道，拉卡拉成立于 2005 年，国内首批获得牌照的第三方支付公司，拉卡拉其前身是由有道创投、孙陶然和雷军共同出资创立的乾坤时代。我们印象中的拉卡拉，主要为实体小微企业提供收单服务、为个人用户提供个人支付服务以及第三方支付增值服务等。

根据数据显示，在 2018 年，拉卡拉总营收 56.79 亿元，净利润 6.06 亿元。其中，主营的收单业务在总营收中占比近 90%；硬件及个人支付，只占比 8.29% 和 1.9%。

作为支付第一股，拉卡拉的上市之路可谓一波三折。从 8 年前得到牌照算起，激烈的市场竞争早已经将这个行业的利润逼近临界值；当拉卡拉在 2019 年 3 月成功过会，证监会对拉卡拉的放行态度，终于让第三方支付整个行业看到一线曙光。

其实，在拉卡拉之前也有第三方支付公司上市，但是他们大多是通过收购或者并购的方式来实现间接上市的。比如在港股上市的汇付天下（01806.HK）、在新三板挂牌上市的资和信（871284.OC）以及汇元科技（832028）等，能够以独立的身份上市的第三方支付企业根本没有，业内还以为整个行业都与 A 股无缘。

通过拉卡拉的 IPO，整个行业和资本界的人都会知道：投资支付公司是可以在中国境内上市的。这将传递投资信号，尤其是对投资人民币基金的投资者来说，未来可以在支付行业内投资。

根据艾瑞咨询预测，在过去的 2018 年里，我国的第三方支付交易总规模已经超过了 300 万亿，同比增长超过 40%。而随着监管趋势越严，市场越成熟，行业增长的速度也越稳定；预计到 2022 年，整个行业规模将高达 548 亿。

可以预见的是，拉卡拉有望开启支付行业在 A 股的上市浪潮。至少，它是一个积极的信号，第三方支付并非洪水猛兽。

【知识导读】支付行业知识入门

随着 20 世纪 90 年代"金卡工程"的实施，我国逐步构建了统一的银行卡跨行交换网络框架，实现了银行卡联网通用"314"目标，但困扰我国银行卡联合发展的运营机制问题仍没有解决，银行卡也尚未完全实现全国范围内联网通用。为促进银行卡市场可持续发展，人民银行在借鉴国外先进经验的基础上，决定成立专门的银行卡跨行交易清算服务机构。

2002 年 3 月，国内银行卡联合发展组织——中国银联在上海成立。经社会各方共同努力，银行卡实现全国范围内联网通用，银行卡市场规模持续扩大，新产品、新服务不断涌现，受理环境逐步完善，持卡人用卡意识不断提高。

银行卡成为个人消费使用最频繁的支付工具，全国人均拥有银行卡已经从 2002 年的不到 0.5 张，增长到 2017 年的 4.84 张。银行卡跨行支付系统联网商户 2592.6 万户，联网 POS 机具 3118.86 万台，ATM 96.06 万台，银行卡渗透率超过 48.71%。银行卡在便利支付、拉动消费、促进流通等方面发挥的作用日益显著。

近年来，随着支付服务需求日益多样化、差异化和个性化，非金融机构越来越多地从信息服务逐步参与到支付服务中来，通过产品创新、细分客户群体，推动了互联网支付、移动支付、数字电视支付等新兴电子支付快速发展，提高了支付服务效率和质量，促进了支付服务市场竞争。

非金融机构也因此成为除中央银行、银行机构和清算机构等传统支付服务组织之外的新兴力量。但非金融机构支付服务的运行也存在一些新的问题和风险，如资金风险、运营风险、道德风险等。

为促进支付服务市场多元化、可持续发展，维护社会公众的合法权益，中国人民银行先后发布了《非金融机构支付服务管理办法》《支付机构预付卡业务管理办法》，加快制定《支付机构客户备付金存管暂行办法》《支付机构互联网支付业务管理办法》《银行卡收单业务管理办法》，规范支付服务市场的准入要求，确保支付机构开展业务时有章可循，有效防范了支付风险。

截至 2018 年底，我国已有 238 家非金融机构取得支付业务许可证，成为支付机构。其中，从事银行卡收单的 60 家，预付卡业务的 149 家，从事互联网业务的 111 家，移动电话支付的 47 家，从事其他业务 14 家。

支付市场全面爆发，迎来大发展

互联网发展至今，商业世界经历了三大发展阶段：电商化、信息化、互联网化。而未来的发展趋势，将由现在的互联网化转变为金融化，实质上是支付化。阿里巴巴最初只是一个信息交换平台，就是你说你有什么可以卖，我说我要买什么。但是并没有发生一笔买卖，因为没有支付方式。很多人认为支付宝背后有阿里巴巴巨大的生态体系，所以可能比较容易获得成功。正确的理解是没有支付宝就没有阿里巴巴的今天。

支付宝就是为了解决阿里巴巴的网购而诞生的，而网购里面最重要的问题还不只是支付的问题，而是买卖双方不信任的问题，因为他们不能够一手交钱一手交货。所以其实支付宝第一个解决的是信任的问题，而不是支付的问题。正是有了支付宝建立的信任机制和体系，阿里巴巴才能给买家和卖家提供最好的平台和最优服务。

【支付场景】互联网巨头和新秀，纷纷入场

随着金融和人们的生活越来越紧密相连，富豪们毫不掩饰其的野心，纷纷涉足金融行业布局。最新中国十大富豪中，有8家涉及支付服务（见表8-2）。

表8-2 福布斯2017中国十大富豪，8家涉足支付

排名	姓名	财富（亿元）	公司	居住地	支付牌照
1	许家印	2813.5	恒大集团	深圳	集付通

续表

2	马化腾	2581.8	腾讯	深圳	财付通
3	马云	2555.3	阿里巴巴	杭州	支付宝
4	王健林	1668.2	万达集团	北京	快钱支付
5	王卫	1476.3	顺丰控股	深圳	顺丰恒通
6	杨惠妍	1370.3	碧桂园	佛山	无
7	何享健	1237.9	美的集团	佛山	神州通付
8	李彦宏	1132	百度	北京	百度钱包
9	丁磊	1118.8	网易	广州	网易宝
10	李书福	1092.3	吉利控股	杭州	无

互联网新秀进军支付：

2012年10月，京东——网银在线——全资收购，金额未知。

2014年底，万达——快钱支付——3.15亿美元收购68.7%股权。

2016年1月，小米——捷付睿通——6亿收购65%股权。

2016年4月，唯品会——浙江贝付——4亿全资收购。

2016年8月，恒大——集付通——5.7亿元全资收购。

2016年8月，美的——神州通付——3亿元收购50%股权。

2016年9月，美团大众点评——钱袋宝——（8亿～13亿元）全资收购。

2017年12月，滴滴——一九付——4.3亿全资收购。

信用经济
——建立信用体系创造商业价值

2018 年 5 月，海澜之家——上海翰银——5 亿收购 64% 股权。

【知识导读】我国支付体系总体运行概况

2019 年 3 月 18 日，中国人民银行发布了 2018 年最新支付体系运行总体情况。据 2018 年支付业务统计数据显示，全国支付体系运行平稳，社会资金交易规模不断扩大，支付业务量保持稳步增长。

一、非现金支付工具

2018 年，全国银行业金融机构共办理非现金支付业务 12203.12 亿笔，金额 3768.67 万亿元，同比分别增长 36.94% 和 0.23%。

1. 票据

（1）票据业务量持续下降。2018 年全国共发生票据业务 2.22 亿笔，金额 148.86 万亿元，同比分别下降 13.23% 和 13.64%。

（2）电子商业汇票系统业务量快速增长。2018 年，电子商业汇票系统出票 1450.71 万笔，金额 16.79 万亿元，同比分别增长 121.34% 和 32.40%。

2. 银行卡

（1）发卡量保持稳步增长。截至 2018 年底，全国银行卡在用发卡数量 75.97 亿张，同比增长 13.51%。

（2）受理市场环境不断完善。截至 2018 年底，银行卡跨行支付系统联网商户 2733.00 万户，联网 POS 机具 3414.82 万台， ATM 机 111.08 万台，较上年底分别增加 140.40 万户、295.96 万台和 15.03 万台。全国每万人对应的 POS 机数量 245.66 台，同比增长 8.91%，每万人对应的 ATM 数量 7.99 台，同比增长 15.03%。

（3）银行卡交易量继续增长。2018 年全国共发生银行卡交易 2103.59 亿笔，金额 862.10 万亿元，同比分别增长 40.77% 和 13.19%，日均 5.76 亿笔，金额 2.36 万亿元。

（4）银行卡信贷规模适度增长，逾期半年未偿信贷总额占比下降。截至2018年底，银行卡授信总额为15.40万亿元，同比增长23.40%；银行卡应偿信贷余额为6.85万亿元，同比增长23.33%。银行卡卡均授信额度2.24万元，授信使用率44.51%。信用卡逾期半年底偿信贷总额788.61亿元，占信用卡应偿信贷余额的1.16%，占比较上年底下降0.11个百分点。

3. 贷记转账等其他结算业务

贷记转账等其他结算业务量有所下降。2018年全国银行业金融机构共发生贷记转账、直接借记、托收承付、国内信用证等其他业务97.31亿笔，金额2757.70万亿元，同比分别下降13.05%和2.41%。

4. 电子支付

移动支付业务量快速增长。2018年银行业金融机构共处理电子支付业务1751.92亿笔，金额2539.70万亿元。其中，网上支付业务570.13亿笔，金额2126.30万亿元，同比分别增长17.36%和2.47%；移动支付业务605.31亿笔，金额277.39万亿元，同比分别增长61.19%和36.69%；电话支付业务1.58亿笔，金额7.68万亿元，同比分别下降0.99%和12.54%。

2018年，非银行支付机构发生网络支付业务5306.10亿笔，金额208.07万亿元，同比分别增长85.05%和45.23%。

二、支付系统

2018年支付系统共处理支付业务2157.23亿笔，金额6142.97万亿元。第四季度，共处理支付业务1044.55亿笔，金额1633.38万亿元。

1. 人民银行支付系统

2018年人民银行支付系统共处理支付业务157.11亿笔，金额4598.42万亿元，同比分别增长27.84%和15.99%。

（1）小额批量支付系统业务金额稳中有升。2018年小额批量支付系统处理业务 21.83 亿笔，金额 35.53 万亿元，笔数同比下降 13.64%，金额同比增长 7.21%。日均处理业务 598.03 万笔，金额 973.50 亿元。

（2）网上支付跨行清算系统业务量增速放缓。2018 年网上支付跨行清算系统共处理业务 120.98 亿笔，金额 89.05 万亿元，同比分别增长 42.93% 和 44.29%。日均处理业务 3314.48 万笔，金额 2439.85 亿元。

（3）同城清算系统业务量小幅下降。2018 年同城清算系统共处理业务 3.55 亿笔，金额 112.03 万亿元，同比分别下降 1.15% 和 14.38%。日均处理业务 140.83 万笔，金额 4445.57 亿元。

（4）境内外币支付系统业务金额平稳增长。2018 年境内外币支付系统共处理业务 213.52 万笔，处理业务金额 1.25 万亿美元（折合人民币约为 8.33 万亿元），同比分别增长 5.88% 和 24.07%。日均处理业务 8243.87 笔，金额 48.25 亿美元（折合人民币约为 321.50 亿元）。

（5）同城清算系统业务金额保持下降趋势。第四季度同城清算系统处理业务有 9849.09 万笔，金额 25.01 万亿元，笔数同比增长 8.01%，金额同比下降 20.36%。日均处理业务 156.33 万笔，金额 3969.47 亿元。

2. 其他支付系统

银行业金融机构行内支付系统共处理业务 366.95 亿笔，金额 1332.09 万亿元，笔数同比增长 13.56%，金额同比下降 0.12%。日均处理业务 10053.50 万笔，金额 3.65 万亿元。

（1）银行卡跨行支付系统业务量稳步增长。2018 年银行卡跨行支付系统共处理业务 263.25 亿笔，金额 119.07 万亿元，同比分别增长 16.24% 和 26.87%。日均处理业务 7212.27 万笔，金额 3262.22 亿元。

（2）城市商业银行汇票处理系统和支付清算系统业务金额有所下降。2018 年城市商业银行汇票处理系统和支付清算系统处理业务 6295.78 万笔，金额 5882.82 亿元，笔数同比增长 90.12%，金额同比下降 35.80%。日均处理业务

17.25 万笔，金额 16.12 亿元。

（3）农信银支付清算系统业务笔数保持快速增长。2018 年农信银支付清算系统共处理业务 84.51 亿笔，金额 8.45 万亿元，同比分别增长 152.34% 和 26.60%。日均处理业务 2315.30 万笔，金额 231.52 亿元。

（4）人民币跨境支付系统业务量增长较快。2018 年人民币跨境支付系统处理业务 144.24 万笔，金额 26.45 万亿元，同比分别增长 14.57% 和 81.71%。日均处理业务 5723.74 笔，金额 1049.46 亿元。

（5）网联平台运行平稳。截至 2018 年底，共有 424 家商业银行和 115 家支付机构接入网联平台。2018 年，网联平台处理业务 1284.77 亿笔，金额 57.91 万亿元。日均处理业务 3.52 亿笔，金额 1586.48 亿元。

三、银行结算账户

截至 2018 年底，全国共开立人民币银行结算账户 101.30 亿户，同比增长 9.83%，增速下降 0.60 个百分点。

1. 单位银行结算账户

单位银行结算账户数量总体保持增长。截至 2018 年底，全国共开立单位银行结算账户 6118.87 万户，同比增长 11.59%，增速上升 0.58 个百分点。其中，基本存款账户 4334.98 万户，一般存款账户 1407.88 万户，专用存款账户 357.45 万户，临时存款账户 18.56 万户，分别占单位银行结算账户总量的 70.85%、23.01%、5.84% 和 0.30%。基本存款账户、一般存款账户、专用存款账户同比分别增长 14.31%、5.77% 和 4.84%，临时存款账户同比下降 2.57%。

2. 个人银行结算账户

个人银行结算账户数量平稳增长。截至 2018 年底，全国共开立个人银行结算账户 100.68 亿户，同比增长 9.82%，增速下降 0.61 个百分点。

这些年被 POS 机坑过的人

很多人手上都有信用卡，POS 机可以帮你解决遇到紧急状况时需要现金的难题。POS 机在现代社会中的作用正在逐渐变大，如今，现金的使用频率已大幅度下降，据分析，这种趋势还会继续下去，所以选择一台合适的 POS 机还是很有必要的。

【支付场景】POS 机诈骗案

39 岁的陈先生在重庆渝中区解放碑经营一家电器公司多年，由于多数客户要求刷卡消费，陈先生打算办理两部 POS 机。

一天，两名西装革履的男子走进店内，向陈先生推销 POS 机。"他说自己是大公司的，还是北京的分公司，实力很强。"陈先生回忆说。该男子自称姓黄，是公司的销售经理，戴着工作牌，以及相关的资料。

最终，在黄某的鼓吹下，陈先生同时办理了两部 POS 机，与黄某所在公司签订了《特约 POS 机收单服务协议》，随即还一并将身份证、银行卡和公司营业执照的照片都交给了对方。几天后，陈先生果然收到了两部崭新的 POS 机，黄姓男子嘱咐陈先生说这两部 POS 机都和他的银行卡绑定了，可以正常使用。

开始的第一个月，POS 的使用还算正常，这让陈先生稍微放心了。可是也只是正常了一个月，随后陈先生就发现不对了。自称是 POS 机老板的吴姓男子主动联系了陈先生，说因为银行关系，未来刷卡的资金要延迟几天到账。

这个时候陈先生因为之前已经取得信任的原因，也就没在意，心想反正晚几天也没事吧！可是一直等了五天，之前的刷卡资金依旧没有到账，陈先生就感到

第 8 章
第三方支付：且看我一直在努力

不对劲了。再给吴姓男子打电话，电话已经停机了。

陈先生说，这五天时间，他在两台 POS 机上刷卡的资金就有 25 万元，损失惨重。

这是一起典型的 POS 机诈骗案，说到底还是支付圈乱象问题，有一些公司就是无照经营，只想捞一笔就跑。

【知识导读】支付牌照 + 银联认证是底线

在赚钱的同时，我们也要保护自己的资金安全，有的人不重视资金安全，随意将资金搁置在不安全的机构，最后造成损失才知道为时已晚。

一、资金安全最重要

支付牌照：由中国人民银行颁发（见图 8-4）。大家都知道，国家金融行业，包含银行，所有的金融业务都是需要央行颁发相关业务许可的，业务许可意味着，资金受央行监管。

银联认证：中国银联负责 POS 机产品的安全认证（见图 8-5），只有取得中国银联安全认证的 POS 机设备，才能保障刷卡交易密码的安全。有了央行和银联的双重保障，资金才算是安全的，缺一不可。

图 8-4　中华人民共和国支付业务许可证

信用经济
——建立信用体系创造商业价值

图 8-5　银联卡受理终端产品安全认证书

二、如何识别资质的真实性

支付牌照：进入中国人民银行官方网站 http://www.pbc.gov.cn/，找到导航栏第三行"公开目录"—"行政审批公示"—"已获许可机构"—"输入品牌关键词进行检索"—"点击查看"—"完整地看到与支付牌照完全一致的公示信息"，具体方法如图 8-6。

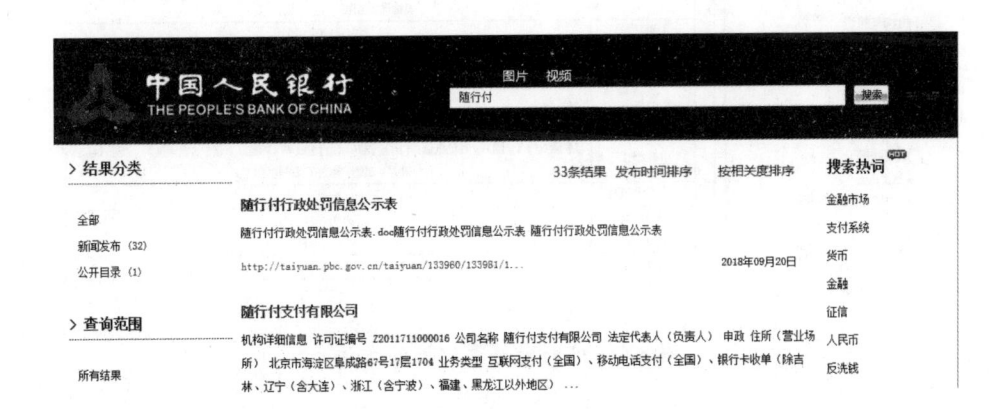

第8章

第三方支付：且看我一直在努力

235

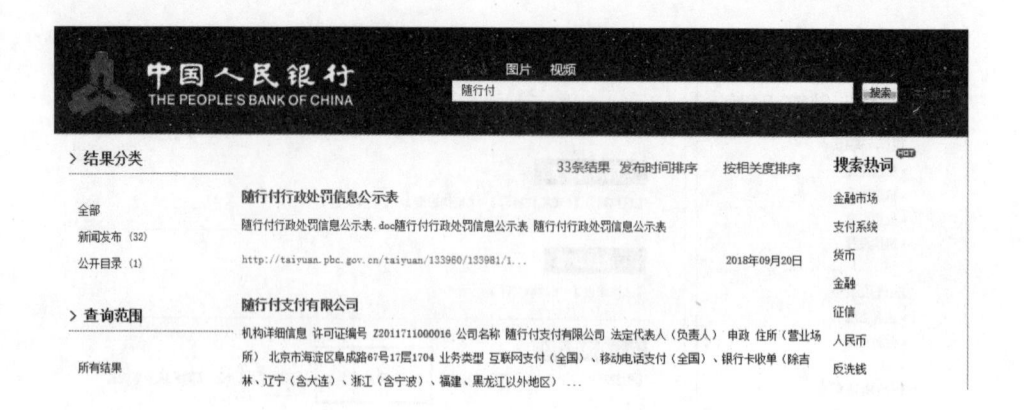

图 8-6　识别资料真实性的方法

银联安全认证：进入中国银联官方网站 http://cn.unionpay.com/，找到页面最下方"资质认证"—"最新更新"—"银行卡受理终端安全认证的产品列表"—进行表格下载，找到自己对应的机器型号（见图 8-7）。

第 8 章
第三方支付：且看我一直在努力

图 8-7　银联安全认证的方法

央行监管资金安全，中国银联监管设备安全，只有两者查询完全一致，才算安全资质合格，任何一项无法查证和缺失，都有可能导致资金问题。为了您的资金安全，请您一定重视！

信用经济
——建立信用体系创造商业价值

【知识导读】POS 机刷卡手续费定价

商店接受客户刷卡后，还需支付百分之二到百分之三的手续费给银行和信用卡中心，这一行为称为刷卡手续费。

银行卡收单手续费历史定价见图 8-8。

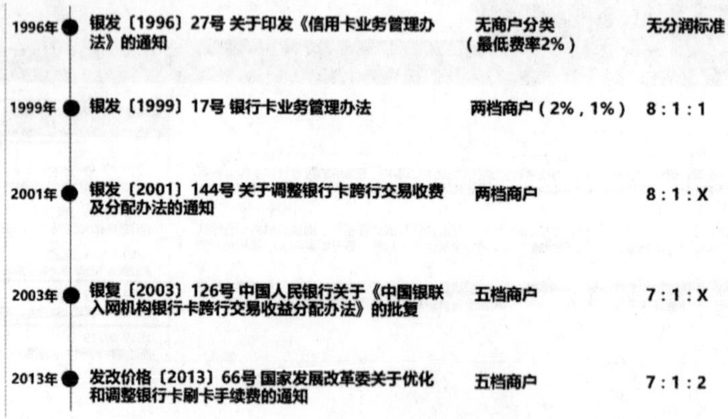

年份	文件	商户分类	分润标准
1996年	银发〔1996〕27号 关于印发《信用卡业务管理办法》的通知	无商户分类（最低费率2%）	无分润标准
1999年	银发〔1999〕17号 银行卡业务管理办法	两档商户（2%，1%）	8:1:1
2001年	银发〔2001〕144号 关于调整银行卡跨行交易收费及分配办法的通知	两档商户	8:1:X
2003年	银复〔2003〕126号 中国人民银行关于《中国银联入网机构银行卡跨行交易收益分配办法》的批复	五档商户	7:1:X
2013年	发改价格〔2013〕66号 国家发展改革委关于优化和调整银行卡刷卡手续费的通知	五档商户	7:1:2

图 8-8 银行卡收单手续费历史定价

2013 年，国家发展改革委关于优化和调整银行卡刷卡手续费的通知，按照发卡银行：银联：支付机构 7：1：2 的比例分润。

2016 年 9 月 6 日，国家发展改革委中国人民银行关于完善银行卡刷卡手续费定价机制的通知。规定如下：

针对大型超市、加油站、航空售票、水电煤缴费 4 类商户实行优惠费率，优惠费率为标准费率 7.8 折，且优惠期 2 年。

针对医院、学校、慈善及社会福利机构，实行手续费全额减免。具体优惠和减免类型如表 8-3。

表 8-3 银行实行优惠和减免的商户类型

商户大类	商户小类	MCC 范围
优惠类	超市、大型仓储式超级市场	5411
	水电煤气缴费	4900
	加油	5541 5542
	交通运输售票	4111 4121 4131 4511 4784

续表

减免类	非营利性医疗机构	8062 8011 8021 8031 8041 8042 8049 8099
	非营利性教育机构	8211 8220 8351 8241
	非营利性慈善及社会福利机构	8398

注：政府服务类、铁路售票商户暂按现行方式处理。

标准费率构成

1. 发卡银行：0.45%。

2. 中国银联：0.0325%（发卡银行和支付机构，双向收取，发卡机构部分含在0.45%中）。

3. 支付公司运营成本：0.05%。

4. 合计成本：0.5325%。

结论：市场定价0.65%相对合理。因此，低于市场标准定价0.65%费率的，基本都是套取了优惠类和减免类。

支付创新，行业仍大有可为

在"金融科技红利"扩大与"人口红利"衰减的背景下，效率和成本共同驱动着金融智能化发展。区块链、大数据、人工智能等金融科技的发展正在深入到风险管理、资产定价等金融核心领域，推动着金融业向智能化方向发展。在支付清算领域，人工智能将给支付服务提供者带来巨大变革，会取代许多重复性的工作，减少人工干预环节，促进企业由劳动密集型的"作业团队"转变为知识密集型的"智慧工厂"。

目前，通过人工智能创新支付业务的优势主要表现在以下几个方面：一是人工智能创新支付方式。以人工智能为代表的人脸识别、语音识别、生物识别技术正改变传统支付方式，激励创新支付手段，促使银行、非银行支付机构创新智能支付服务。二是人工智能提升用户支付体验。通过"智能语音"服务、生物识别身份认证、智能投资顾问等方式为客户带来更快捷、更便利、更智能的操控体验，进一步提升了客户服务水平、节约了人工运营成本。三是人工智能提高支付运营效能。通过人脸图像与联网核查图像、客户身份证图像交叉比对，由人工智能算法引擎完成身份认证，从而加强了金融服务供给，提升了金融服务效率，提高了支付运营效能。目前，随着人工智能在金融行业的渗透，已广泛应用于账户、工具、系统、监管等支付领域。

【支付场景】刷脸支付迎来新的支付创新

没带钱包、忘带手机，走到收银台前，看一看购物车里一堆已经选好的商品，该如何化解尴尬？"没事儿，您到这边来刷脸就行。"在收银员的指引下，厦门市民王春苗走到超市自助结账台前点选"刷脸支付"，简单输入支付宝绑定的手机号，对着摄像头微微一笑，交易就完成了。让王春苗万万没想到的是，几年前与友人一句"我刷脸结账行不行"的玩笑，如今竟成了现实。

刷脸支付与传统的支付模式不同，整个交易过程方便快捷，用户在购物支付时只需要将面部对准刷脸支付 POS 机上的摄像头，系统就会自动识别与用户面部信息相关联的个人账户，从而轻松实现刷脸支付。

图 8-9　王健林和马化腾一行人参观北京丰台科技园万达广场的画面

2019 年 5 月 8 日，万达董事长王健林和腾讯首席执行官马化腾一行人来到位于北京市丰台科技园的万达广场，参观和了解其正在进行微信支付"智慧商圈"方案试点的相关情况（见图 8-9）。

据了解，在此次试点的北京丰台科技园万达广场，微信支付"智慧商圈"推出的解决方案不仅可以微信小程序里收到的各种优惠券自动进入用户卡包，还能将微信卡包包含的提醒功能发挥到最大用处，使用户不错过使用每一张优惠券的机会。更重要的是，它能在用户实施支付时在满足优惠券的使用条件时自动核销，省去了人工审核的烦琐，为用户和门店节省时间的同时又提供了极大的便利，大大节省了时间。

除此之外，北京丰台科技园万达广场这次微信支付"智慧商圈"试点方案中还增加了无感停车、小程序营销、刷脸支付等模式，并与王者荣耀IP、腾讯有图实验室AI技术等企业达成了正式合作意向。

参观完毕，心情大好的王健林与马化腾还去万达广场商圈逛了一会儿，马化腾为了体验上述功能所带来的方便快捷，还亲自现场体验了一番，随机点了一杯售价为22元的百香果茉莉茶，并直接刷脸完成了付款。

另据相关了解，目前微信支付"智慧商圈"的解决方案已经全面升级至2.0版本。在新的版本中，微信支付的战略重点也将从最初的"支付"升级为"经营"，其目的十分明显，就是充分运用微信支付、小程序和腾讯整体的生态能力，助力于各商户与服务商、商业管理公司的深度合作。

当然，此次微信支付"智慧商圈"2.0版本的解决方案，有别于前期打造的基础支付工具，除了将商圈商管作为其助力对象外，在流量、工具等两个维度的能力方面也做了很大提升。在流量方面，微信支付这次除了利用朋友圈广告流量外，还启用了精准数据的推荐机制，不仅在商圈行业内大肆挖掘"圈外流量"，还将小微商家的面对面收款转变为用户的触点。

在工具方面，微信支付开始实行不同业态、不同商圈、不同店铺的交叉营销方式。比如，将女装与女鞋店的消费人群重叠，并借助微信支付，在女装店发放女鞋店的优惠券，引导女装店的顾客去女鞋店核销，以此来整合流量资源。

随着互联网技术的不断进步与发展，微信支付"智慧商圈"还将不断升级，衍生出更多的版本，但就目前来说，刷脸支付模式的出现无疑会极大地方便人们的生活，满足不同人群的消费需求。

【知识导读】支付的底层逻辑，回归信用

马云在德国CeBIT上刷脸买礼物已经两年多了。记得当时的刷脸支付技术引来了很多的质疑和嘲笑。随着互联网的快速发展，两年的更新迭代，唤醒了一个

信用经济
——建立信用体系创造商业价值

全新的人脸世界，人脸识别技术在这两年已经逐渐成熟。

2018年8月24日，腾讯集团联手深圳地铁以及广电运通共同发布了一款拥有生物识别与无感支付等重大功能的最新科研成果——"生物识别＋信用支付"地铁售检票系统解决方案。这一个方案被有关媒体报道出来后，瞬间就在网上引起了热议，根据相关信息了解到对于这种新型的"生物识别＋信用支付"就是采用AI智慧系统刷脸识别，并根据个人的信用度支付。在乘坐地铁时就不用扫码支付以及现金支付，彻底告别刷卡扫码支付，也无须在屏幕前停留"刷脸"，而且不需要排队等待，只要你直接从屏幕面前走过，就会自动开启闸门乘车。这一项技术的研发大大降低了以前的排长队，更不会出现相互拥挤的现象了，不仅如此，这一地铁售检票系统，还支持"先享后付"。也就是说只要你的信用够好，用你的微信支付，就可以让你"先上车，后买票"。

与腾讯联手深圳地铁研发的"生物识别＋信用支付"具有相似功能的，还有支付宝的刷脸支付系统。马云旗下的支付宝在广州宣布，经过不断地测试，支付宝的刷脸支付完全已经具备了商业化的能力。而且将会在今后一年之内向各种商业场地普及自助收银＋刷脸支付的解决方案，通过刷脸来实现支付功能。通过3D人脸识别，结合硬件和软件双重检测，能够99.9%地判断出真实用户，刷脸支付更是只需要10秒之内就能够完成支付。

随着互联网＋数据的积累、计算机算力的跃升和算法的优化，人工智能正在让生活变得更加便捷。"刷脸"进站、"刷脸"支付、"刷脸"签到、"刷脸"执法……人脸识别技术正走进更为广阔的应用场景。新零售＋刷脸支付的落地，更是让许多软硬件企业去提供人脸识别的解决方案。

科技的发展对我们生活的浸入速度也在加快，我们在生活中也能感受到科技带来的影响，现在的支付方式也在发生变化，当人脸支付一体机"蜻蜓"开始走入线下场景时，在二维码支付之后，现在已经出现了更为便捷的刷脸支付。

对于腾讯集团和阿里巴巴集团两大支付巨头来说，这一次的支付研发成果将再一次推翻支付方式，彻底告别手机，告别扫码支付，而且信用时代是在快速地到来，信用也将会成为我们不可或缺的重要东西。

Part 3 信用财富门

Credit Wealth Gate 1

Credit Economy
──Establishing
Credit System
to Create
Commercial Valu

第 9 章

探索智慧征信蓝海，突破数字金融边界，引领信用新经济

如今，"信用"已变成一种触手可及的财富，可以累加，可以转化，可以升值，可以赋予某种身份的标签，如同一张电子身份证如影随形，是一片可以预期的蓝海。未来，"信用+"会延伸出更多经济形式，让我们拭目以待。

信用经济
——建立信用体系创造商业价值

信用市场，是一片可以预期的蓝海

诚实守信是我们的传统美德，然而近年来，不守信用、不讲诚信的情况屡屡发生，这一切都呼唤着信用的回归。随着阿里巴巴集团打造的全民信用体系日渐深入，信用经济时代悄然拉开了帷幕。

2017年，蚂蚁金服"生态共赢基金"在芝麻信用举办的并肩计划（STS）的信用创新项目评审大会上，大手笔地设立1亿元专项基金进行创业扶持。这对于中小企业家来说，无疑是个利好政策。

在过去，共享经济曾经风靡一时。在共享经济模式下，用户通过交付一定押金，就可以低价甚至免费使用共享物品。但共享经济模式中，也许存在着用户难以接受的高额押金，比如房车高达上万元的押金，以及部分用户不爱惜共享物品，造成不必要的损失与浪费等诸多弊端。而如今随着信用体系的建立，人们通过信用评分，就可以免押金借用共享充电宝，甚至共享房车，这将能有效降低用户门槛，扩大用户基数。蚂蚁金服的投资人表示，"信用生态已成为培育共享经济最好的土壤"。

信用体系所能解决的痛点，并不局限于共享经济领域，而是全社会。比如说，在医疗卫生领域，引入了信用体系之后，人们去医院看病可以先诊疗后付费，无须在诊室与收费处之间来回奔波，能够有效节省时间和精力。

蚂蚁金服CEO井贤栋表示，在未来信用体系将会进一步完善，国内的绝大部分城市都将成为信用城市。信用经济将会成为商业发展的重要引擎。

不仅是阿里巴巴在全力打造全民信用体系，国家政府层面也颁布了相关的法

第 9 章
探索智慧征信蓝海，突破数字金融边界，引领信用新经济

律法规，促进信用体系的构建。前不久，国务院颁布了《社会信用体系建设规划纲要（2014—2020年）》，地方各级政府也相应的出台了相关的法律法规。同时，诚信也被写入了社会主义核心价值观。这一切都预示着，诚信社会正在到来。

【信用场景】"机蜜"借助蚂蚁金服成功融资6000万

社会信用体系，在互联网经济中，正发挥着前所未有的作用。不少信用良好的企业，通过信用融资，创造了商业的华丽转型。智能终端租赁平台"机蜜"正是实现成功转型的商家之一。

早在2015年，机蜜创始人奚孟就捕捉到了信用经济的风口，开始了他创业征程。起初，奚孟给机蜜的定位是建立手机维修和回收O2O平台。然而，满腔热情的奚孟创业不久就被现实泼了一盆冷水，在尚未完全享受到流量红利的背景下，O2O的热潮消退了。机蜜公司资金链也断了，面临着倒闭的危机。因为，维修和回收是需要依托于前端服务来进行引流的后端公司，此时，前端的风口不在，创业之路已经举步维艰。

"想要活下去，必须要找到新的风口。"奚孟曾经告诫自己。奚孟认为上一次失败是因为维修与回收服务太过依赖于前端的引流，一旦引流失败，自己的后端服务也随之失败。因此，奚孟吸取了上次的教训。从2016年开始，奚孟尝试着企业转型，开始做起了智能设备租赁。

比如说，笔记本电脑、iPad出租。将智能设备的租赁作为前端服务进行引流，与后期服务中的维修与回收形成服务闭环。对于机蜜来讲，其商业化模式更具有安全性；对于用户来讲，则可以在机蜜中享受一系列的服务，可以在相同的成本中，既能享受到智能机器的体验服务，又能免费获得维修等增值服务。看上去是一个两全其美的商业模式。

但是，奚孟的商业模块在落地时，却令他犯难了。在智能机器租赁中，如何确保承租人履行合同义务？在传统的商业模式中，租赁一般通过交付押金来确保承租人履行义务。但是，奚孟却想寻找一种更为便捷的方式。

因为，智能设备本身具有较高的价值，如果采用押金模式，也会让用户承担

信用经济
——建立信用体系创造商业价值

较高的押金。这样，就会把一部分有此类需求，但没有足够押金的用户拒之门外。有没有租赁门槛更低的模式呢？

奚孟经过认真思索之后，决定引入个人信用体系，为信用额度较高的用户免费提供智能设备的租赁服务。于是奚孟找到了蚂蚁金服旗下的芝麻信用平台。在2016年5月，机蜜正式接入芝麻信用。只要芝麻信用中，达到700积分的用户就可以免押金申请智能设备租赁。这一模式的开创，在短短几个月内就为机蜜带来了不可估量的人气。

引入芝麻信用后，机蜜的销量得到了空前的增长。并且，可喜的是机蜜的坏账仅仅只有千分之三。最终，机蜜凭借可观的交易量和银行流水，受到了投资者的青睐，成功融资6000万元人民币。

【知识导读】信用市场能给企业带来的红利

从上述的案例中，我们可以看见，引入信用体系这一新模式。能够帮助中小企业实现命运的转折，原本奄奄一息的企业可能因此而大获成功。上述案例只是引入信用体系后的一个方面，信用市场还能给企业带来哪些红利呢，我们一起来看看吧（见图9-1）。

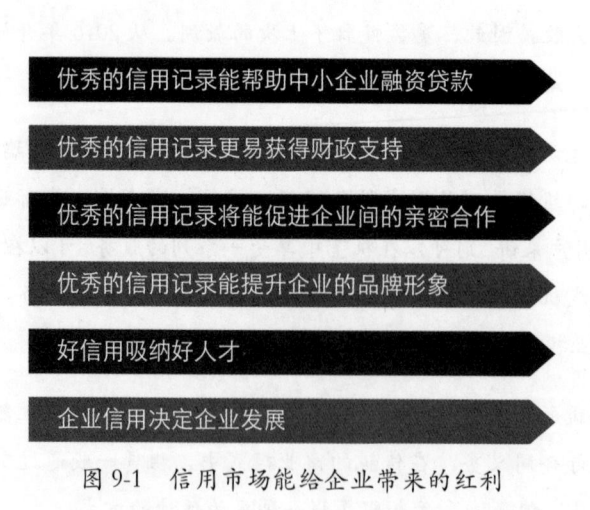

- 优秀的信用记录能帮助中小企业融资贷款
- 优秀的信用记录更易获得财政支持
- 优秀的信用记录将能促进企业间的亲密合作
- 优秀的信用记录能提升企业的品牌形象
- 好信用吸纳好人才
- 企业信用决定企业发展

图9-1 信用市场能给企业带来的红利

一、优秀的信用记录能帮助中小企业融资贷款

在目前，当企业出现资金困难的问题时，一般有两种贷款方式，分别为抵押贷款和担保贷款。由于中小企业规模小、资产少，难以通过抵押贷款获得所需要的大量资金。因此，难以取得抵押贷款；而中小企业规模与资金流有限，财务制度不健全，财务报表不完善，以及难以取得其他人的担保支持，因此，也难以获得担保贷款。

但是，引入了信用体系之后，中小企业可以通过良好的信用记录，向商业银行申请贷款。商业银行也可以通过中小企业的信用记录和交易情况，来决定具体的放贷数额。以此，信用体系搭起了中小企业与商业银行之间的桥梁，实现了双赢。

二、优秀的信用记录更易获得财政支持

不仅是企业在努力构建信用体系，政府也在积极构建全社会范围内的信用体系。近两年来，政府一直在大力推行社会信用体系建设，以规范企业行为，加强行业自律。对于信用记录良好的企业，会加大财政支持；对于信用不好的企业，实施约束和惩戒。上海市十四届人大常委会通过的《中国（上海）自由贸易试验区条例》中规定自贸区管委会、驻区机构和有关部门可以通过查询企业的信用记录，来决定对企业是否给予便利措施或是加强惩治。

三、优秀的信用记录将能促进企业间的亲密合作

随着信用体系的推广，企业之间的经济合作，会更加重视对方的信用了。过去，在企业交易中，可能会通过前去买家商店查看商品，或者采用担保的方式来保障交易的顺利进行。而如今，企业之间进行交易时，则会首选去网上查阅对方在企业的信用记录。如果有多个信用良好的供应商，再在网上搜索供应商名称，进行功能与价格的对比，由此选出最合适的企业。如果企业状况良好，那么大多数的企业都会选择风险小的企业进行合作。如果企业存在信用瑕疵，那么很多企业都会趋利避害，另外选择其他的企业进行合作。由此可见，在未来的企业合作中，保持良好的企业信用记录至关重要，它对一家企业的生死存亡起了决定性的作用。

四、优秀的信用记录提升企业的品牌形象

良好的信用记录不仅促进企业之间的交流与合作，更有利于初级企业的品牌推广。信用记录就像公民的一张身份证，像企业的一张名片，上面展示了一个人或一家企业的道德素养与形象。在经济飞速发展的当下，企业不仅要学会将产品、内容转化为产品，更要学会将人力、文化等转化为商品。由此，企业就可以向品牌企业迈进。在企业转型的过程中，企业信用所发挥的作用不容小觑。这是因为企业的品牌与形象都是建立在信用的基础上，如果连信用都没有，还谈何品牌呢？

随着信用体系的日趋完善，信用记录的价值凸显，信用正成为一笔宝贵的无形资产。诚信的档案的建立，将帮助信用良好的企业提升形象，增强其核心竞争力。

五、好信用吸纳好人才

良好的信用记录更有机会吸引优质人才的加入，因此，对于企业内部的运营也能产生积极的影响。

如今，随着国民教育水平的提升，求职者的个人素质也在不断提高，求职者更加关注未来长远的职业发展，而非短期的经济利益。只有信用良好、能够保障劳动者权益的企业才有可能获得求职者的认可。而信用记录不好，可能出现拖欠工资的企业，则难以招到优秀的员工。因为，现在的求职者认为，工资虽然很重要，但也要找到一个有前景的企业，能够让自己有长远发展空间。

六、企业信用决定企业发展

在当前的社会，有什么能最好地体现企业对社会的责任呢？过去，企业家通过慈善展示企业对社会的责任感。而如今在信用社会，良好的信用最能体现出企业对于消费者与社会的责任感。正如俗语所说，民无信不立，业无信不兴，国无信则衰。一个信用良好的企业，才能获得消费者的信任与社会的支持；反之，一个信用状况不佳的企业，极有可能会失去消费者和社会的信赖，最终导致企业破产、走向衰亡。

第 9 章
探索智慧征信蓝海，突破数字金融边界，引领信用新经济

可以说，在企业的生产活动中，信用是一笔巨大的无形资产，影响着企业的方方面面，推动着企业的发展。

未来，"信用+"经济创新模式

在过去，人们总是习惯于一手交钱，一手交货。后来，支付宝等支付工具的出现颠覆了传统的支付模式。而如今，信用体系的建立，更是支付领域一次空前的支付变革。未来的支付趋势是怎样的？蚂蚁金服 CEO 井贤栋与芝麻信用总经理胡滔给出了答案："未来，信用在一定程度上极大地取代了支付的动作，不用现场付钱会逐渐成为潮流。"

随着信用免押金在共享领域的持续火爆，芝麻信用正大放异彩。芝麻信用是蚂蚁金服旗下独立的第三方征信机构。目前芝麻信用已经涵盖了我们日常生活的方方面面，其中包括租房、共享单车、共享房车、酒店入住等多个领域。目前入驻芝麻信用的企业用户达到 100 万户，入驻芝麻信用的个人用户更是高达 2 亿人。

蚂蚁金服 CEO 井贤栋表示，在未来随着信用体系的进一步完善，全国大部分城市都将成为信用城市，付押金租赁将会逐渐消失。当生物识别技术融入信用领域时，大部分证明将会逐渐消失。

芝麻信用的成功不是一蹴而就的，而是从 2013 年开始，就一直专注于解决信任问题中的疑难杂症。直到 2015 年，才投入使用。芝麻信用的第一个用户就是神州租车，神州租车通过芝麻信用的信用评分来决定是否免押金。这也是芝麻信用从 0 到 1 的尝试。

蚂蚁金服 CEO 井贤栋曾表示，最开始的时候免押金租车的违约率高达百分之六，半年之后则降低到了千分之三。这表明，信用市场在未来仍有很大的发展潜力。芝麻信用在经过与神州租车公司进行合作之后，又在其他领域积极进行版图扩张，比如共享充电宝、共享单车、共享雨伞等多个领域均有涉猎，信用经济已经逐步

信用经济
——建立信用体系创造商业价值

走入寻常百姓家。

【信用场景】无孔不入的"信用+"经济

小王离开老家去上海工作，到达上海租房时，小王欣喜地发现自己竟然不用交房屋押金。原来，小王一直保持着良好的信用记录，所以，小王不需要按照传统的押一付三来缴纳租金。

张女士去骨科医院进行复查时，发现自己可以先检查后缴费，免去了自己在检查室与交费处之间的来回奔波，极大地节省了时间和精力，原来，这都是得益于自己良好的信用记录。

小明准备租一辆共享房车进行全国环游，却被出租公司拒绝了。因为小明有一笔贷款一直没有还上，被列入了失信执行人的名单，导致自己被禁止租赁豪华车辆，令自己颜面尽失。

还有更多因为信用而便捷生活的例子，比如说，信用住店、信用租车、信用扫码骑车……这些与我们日常生活密切相关的场景，预示着信用社会的到来。随着共享经济的兴起与大数据技术的萌芽，信用在日常生活、企业交易、政府行政等多方面发挥着前所未有的作用。信用已然成为个人、企业的一张名片，良好的信用就是个人、企业最好的通行证。信用不再看不见、摸不着，而是实实在在可以量化变现，可以给个人和企业创造经济价值。

信用不仅便捷了人们的生活，还极大地提升了经济运行的效率。比如，对于网上回收智能用品的张先生来说，是先回收智能用品还是先付款，这是一直困扰他的一个难题。先付款，怕遇上不守信用的用户，给自己造成经损失；如果是先回收物品，用户可能会将信将疑，从而降低交易意愿。通过引入信用体系之后，解决了他一直以来的难题。他与用户都可以看见彼此的信用额度，提升彼此的信任感，不仅订单数量大幅提升，也几乎没有再出现过违约的情况。

【知识导读】"信用+"经济的创新模式

信用单车、信用雨伞……"无现金社会"的背后，不仅是人们支付方式的改变，更是每一笔支付累积的信用。信用体系的建立正在推动整个社会综合治理的发展。

第9章
探索智慧征信蓝海，突破数字金融边界，引领信用新经济

信用经济也存在于我们生活的方方面面。

我们作为个人消费者，能够享受到信用经济的哪些福利呢？或者作为企业家，又该如何借助信用红利的风口，实现企业转型呢？下面，这几种新型的信用模式会告诉你答案（见图9-2）。

信用+借贷　助力中小企业度过寒冬

信用+消费　创新消费模式

信用+法律　为经济发展保驾护航

信用+制度　让消费者放心购买

信用之树

图 9-2　信用经济的常见模式

一、信用+借贷，助力中小企业度过严冬

信用更是能为诚信的创业者带来空前的利好。如果一个人的信用水平足够高，那么他将会很容易筹集到资金。在未来，资金将不再仅仅只集中在商业银行这样的金融机构上，而是通过信用体系，提供给有需求的创业者，因此，对于广大创业者来说，未来将会有更为公平的创业平台和发展机会。

比如说，在蚂蚁金服上进行融资就是一个很好的渠道，旗下的芝麻信用就可以为诚信的创业者提供一张通行证。不仅花呗、借呗可以提供十几万元的资金支持，如果办理信用卡更是可以解决燃眉之急。总之，从多个方面看来，如果创业者能够提高自己的信用度，就是为自己和企业留了一条后路。

二、信用＋消费，创新消费模式

信用经济的兴起也创新了消费模式，最近几年大热的分期付款正是建立在信用体系的基础之上。在以前，人们想通过分期付款来消费，还需要提供收入证明、银行流水等一系列的证明。而如今，如果想分期购买大众型消费品，只要具备良好的信用记录，无须提供证明，就可以进行分期贷款。

蚂蚁金服行业总监希金曾经就蚂蚁花呗上所呈现的年轻人的信用状况做出过说明。他指出，蚂蚁金服如今有1亿用户，大部分是年轻人，他们热衷于分期贷款消费，但同时也非常守信用，几乎没有坏账的发生。

如今，越来越多的年轻人选择通过分期付款的方式，来提高自己的生活质量，有的人旅行或者结婚也会采用分期付款的方式，这已经成为年轻人的新潮流。

三、信用＋制度，让消费者放心购买

如前文中提到，不仅是企业在积极构建信用体系，政府也在完善征信体系。比如，政府推出了企业诚信查询平台。使用方法非常简单，只需要输入企业名称或者法定代表人的姓名，就可以查询企业的信用状况。一旦发现信用状况特别恶劣的，将永久关闭其店铺，并有可能受到行政处罚。

四、信用＋法律 为经济发展保驾护航

为了促进信用体系的进一步发展，国家也出台了相关的法律法规来保驾护航。2017年，国家发改委联合多个部门出台了《关于全面加强电子商务领域诚信建设的指导意见》。2018年，商务部印发了《2018年商务信用建设工作要点》。

在当今社会，信用已经成为个人的第二张身份证，成为企业的第二张信用卡。信用良好，就有机会获得大量的投资融资；信用恶劣，会令企业寸步难行。随着互联网经济的进一步发展，大数据技术的深入运用，传统的货币经济正逐渐衰退，信用经济已经闪亮登场。